历史不能忘记系列 ⑳

中国远征军

吴 婷◎编著

中国民主法制出版社

2015年·北京

图书在版编目（CIP）数据

中国远征军/吴婷编著．—北京：中国民主法制出版社，
2015．7（2020．5 重印）

（历史不能忘记系列）

ISBN 978-7-5162-0942-4

Ⅰ．①中…　Ⅱ．①吴…　Ⅲ．①国民党军—第二次世界
大战—青少年读物　Ⅳ．①K265．210．9

中国版本图书馆 CIP 数据核字（2015）第 181095 号

历史不能忘记系列
　张量　主编
图书出品人：刘海涛
出 版 统 筹：赵卜慧
责 任 编 辑：吕发成　胡百涛

书名/中国远征军
作者/吴婷　编著

出版·发行/中国民主法制出版社
地址/北京市丰台区玉林里 7 号（100069）
电话/63055259（总编室）　　63057714（发行部）
传真/63056975　63056983
http://www．npcpub．com
E-mail:mzfz@npcpub．com
经销/新华书店
开本/32 开　880 毫米×1230 毫米
印张/6．375　**字数/**124 千字
版本/2015 年 7 月第 1 版　2020 年 5 月第 2 次印刷
印刷/石家庄德文林彩色印刷有限公司

书号/ISBN 978-7-5162-0942-4
定价/18．00 元

▶ 修订版序

　　中国出版集团旗下中国民主法制出版社，将在中国人民抗日战争暨世界反法西斯战争胜利 70 周年之际，修订再版"历史不能忘记"系列丛书，我感到非常高兴。当年我参加组织编写了这套丛书，得到了社会的认可。在老一辈无产阶级革命家杨成武同志为第一版作序后，由我为再版作序。虽然水平有限，然出版社坚持，也只好尽力而为了。

　　1993 年以后，日本国内的右翼势力开始猖獗，日本政局也开始出现右倾化的动向，不时上演参拜靖国神社、篡改历史教科书、否定南京大屠杀，为日本侵华战争涂脂抹粉，企图推卸战争责任的闹剧。前事不忘，后事之师。要让中国人民和世界人民永远牢记这段历史，尤其要让青少年从小就了解、记住这段历史。在我国国内，虽然抗日战争方面的图书资料很多，却难见一套比较系统地对青少年进行抗日战争方面的爱国主义教育的丛书。1998 年初，中国民主法制出版社的编辑赵卜慧等同志策划了"历史不能忘记"系列丛书。受出版社邀请，我组织时任中国社会科学院近代史研究所所长、《抗日战争研究》杂志主编、中国抗日战争史学会副会长张海鹏，中国第二历史档案馆馆长、中国抗日战争史学会理事周忠信，中国人民大学中共党史系主任、博士生导师陈明显，中国人民抗日战争纪念馆编研部主任、中国抗日战争史学会常务理事、研究员张量和中国人民解放军军事医学科学院研究员、细菌学专家郭成周以及对抗日战争史有深入研究的专家学者，精心编写了这套丛书。这套丛书收录了大量的史料和图片，有些是首次公之于众的，揭露了日本侵略中国所犯下的滔天罪行，如南京大屠杀、日军细菌部队罪行等；讴歌了中国人民浴血奋战，与日本侵略者血战到底的气壮山河、可歌可泣的民族精神，如八一三淞沪会战、台儿庄战役、百团大战等。该丛书第一版推出 12 本，于 1999 年 9 月出版。丛书出版后在读者中引起了很好的反响，当年就名列共青团中央"中国新世纪读书计划第 7 期新书推荐榜"，并被列为上海市中小学生图书馆必备书目，荣获第 9 届上海市中小学生优秀课外读物三等奖。

近几年，日本政府在右倾化的道路上越走越远，尤其是安倍上台以后，不但矢口否认历史，而且否认对侵略历史表示歉意的"村山谈话"，挑起诸多事端，解禁集体自卫权，对外出售武器，动摇日本战后和平宪法的根基，加快日本军国主义的复活，引起世界各国尤其是曾经遭受日本军国主义铁蹄蹂躏的亚洲邻国的高度警惕。

为了铭记历史、缅怀先烈、珍视和平、警示未来，2014年2月27日，全国人大常委会通过了《全国人民代表大会常务委员会关于确定中国人民抗日战争胜利纪念日的决定》，以法律的形式，将每年9月3日确定为中国人民抗日战争胜利纪念日；2014年4月10日，又通过了《全国人民代表大会常务委员会关于设立南京大屠杀死难者国家公祭日的决定》。今年是中国人民抗日战争暨世界反法西斯战争胜利70周年，我国将在纪念日举行空前盛大的阅兵活动，向世界宣示中国维持战后世界秩序的坚定决心。

在此之际，修订再版"历史不能忘记"系列丛书，充分体现了中国民主法制出版社的担当意识和责任精神。丛书站在新的历史方位，挖掘和整理最新史学研究成果和文献资料，由初版12册增加到22册，内容更加丰富，事实更加清晰，范围更加广阔，尤其是把儿童抗战、文化抗战、台湾抗战、空军抗战、海军抗战等鲜为人知的抗战史料呈现在读者面前。不难看出策划者把这套丛书作为精品工程精心来打造的良苦用心。

2014年7月7日，习近平总书记在纪念全民族抗战爆发77周年仪式上指出，历史是最好的教科书，也是最好的清醒剂。中国人民对战争带来的苦难有着刻骨铭心的记忆，对和平有着孜孜不倦的追求。中国的抗日战场，是世界反法西斯战争的东方主战场，中国抗日战争的胜利，为世界反法西斯战争作出了积极贡献。中国抗日战争的胜利，是中国近代以来第一次取得的反对外来侵略的彻底胜利，一雪百年屈辱历史，它是中华民族由衰败走向振兴的重大转折。

实现民族复兴的中国梦，是每一位中华儿女共同的历史使命。中华民族的伟大复兴、美丽中国梦的实现，许多道理需要让历史告诉未来。中国人民会铭记这段历史，以史为鉴，时刻保持清醒头脑，警惕日本军国主义的死灰复燃，牢记"落后就要挨打，就要受人欺负"的教训，紧密地团结在以习近平为总书记的党中央周围，发奋图强，努力学习和工作，把我们的国家建设得日益繁荣富强，为早日实现中华民族伟大复兴的中国梦而努力奋斗。

中央档案馆原馆长
中国档案学会原理事长
中国抗日战争史学会原副秘书长　王明哲

2015年5月

▶ 第一版序

抗日战争，这是个历史性和现实性都很强的话题。

说它具有很强的历史性，那是因为，这场战争的爆发距今毕竟已有62年。时至今日，战争的硝烟早已散尽，在和平共处五项原则的基础上，中日两国正面向未来，致力于建设和平与发展的友好合作伙伴关系。至于有关反映抗日战争的文章和书籍，60多年来则更是难计其数。

说它具有很强的现实性，则是由于：其一，抗日战争毕竟是自1840年鸦片战争以来，帝国主义列强发动的历次侵华战争中最残酷的一场战争，也是中国人民反抗外来侵略最坚决并最终取得全面胜利的一场战争。这场惨绝人寰的侵略战争造成了3500万中国人的伤亡，造成了1000亿美元的直接财产损失，使千百万中国人流离失所。这么一场空前的民族大灾难，无论如何不应该也无法从人们的记忆中抹去。其二，抗日战争虽然早已结束，但它给我们留下许多血的教训：得道多助、失道寡助。尽管有一时的强弱之别，然而玩火者必自焚，正义终将战胜邪恶；贫穷、落后就要挨打，就会受人欺辱，只有国家富足强盛，才能人民安居乐业……所有这些，都将犹如警钟长鸣，时时警示着世人。其三，人总是要有点精神的。中华儿女在这场民族灾难中所表现出来的浴血奋战、不怕牺牲的抗战精神，作为一种极其宝贵的精神财富，无论时间再久远，都将永久地熠熠生辉、光芒四射。在和平的年代里，在社会经济建设中，我们仍然需要弘扬这种宝贵的民族精神。其四，随着时间的推移，抗日战争渐渐成为历史，年青的一代只能从历史书籍、从教科书中去了解这场战争的真相了。也正因为如此，在日本，总有那么一些人不时地挑起事端，他们或在教科书问题上大做文章，或在日军侵华史实上黑白颠倒，企图篡改历史，误导后人。历史霎时间似乎成了一个任人打扮的小女孩。为此，要不要把这场战争的本来面貌告诉世人特别是年青的一代，显然成了摆在每一个史学工作者面前的现实问题。

有鉴于此，中国民主法制出版社约请了长期从事抗日战争问题研究、占有大量客观资料的专家学者，历时数载，撰写了这套"历史不能忘记"丛书。丛书本着对历史负责，对后人负责的态度，严格尊重史实，凭借事实说话，分《以史为鉴　面向未来》《九一八事变》《七七卢沟桥事变》《八一三淞沪会战》《平型关战役》《台儿庄战役》《南京大屠杀》《百团大战》《日军细菌战》《中国空军抗战》《中国海军抗战》《中国抗日远征军》

《抗日英烈民族魂》《华侨支援祖国抗战纪实》《国际友人与抗日战争》《华北抗日》《华东抗日》《华南抗日》《抗战中的延安》共 19 个分册，全方位多角度、系统客观地披露和介绍了抗日战争的爆发背景以及发动经过、侵华日军在战争中所犯下的滔天罪行、中国军民抗击侵略者的著名战役、献身于抗战的民族英烈等。其中，一些材料和观点尚属首次公开发表。

日本的一位首相曾经说过："我们无论怎样健忘，也不能忘记历史。我们可以学习历史，但不能改变历史。"作为一种民族灾难，抗日战争过后的今天，无论是挑起这场战争的加害国还是遭受侵略的被害国，惟有正视史实，以史为鉴，才能更好地面向未来，防止悲剧再度发生。而再现历史真相又是问题的逻辑前提。我想，这恐怕正是撰写和出版这套丛书的目的所在吧。

作为抗日战争的亲身经历者，我愿意把这套丛书推荐给需要了解和应当了解这段历史的人们。

杨成武

1999 年 4 月 4 日

　　1941 年 12 月 7 日，日本偷袭珍珠港，太平洋战争爆发。1941 年 12 月 23 日，中英双方在重庆签署了《中英共同防御滇缅路协定》结成军事联盟。1942 年元旦，中、美、英、苏等二十六国代表在华盛顿签署了对轴心国共同行动宣言，亦即《联合国家宣言》，国际反法西斯统一战线正式形成；同时，中国战区统帅部成立，蒋介石为中国战区最高统帅，美国陆军中将史迪威为战区统帅部参谋长。中国战区最初的区域包括中国、泰国、越南和缅甸北部，形成盟军共同对日作战。

　　缅甸位于中南半岛西北部，它的北部和东北部与中国的西藏、云南相邻，东部和东南部与老挝、泰国接壤，西部和西北部与英属印度交界，面积 67 万余平方公里，是中南半岛上面积最大的国家。缅甸地形复杂，以高原、山地为主，北接高原，南临大海，除伊洛瓦底江和萨尔温江下游有盆地平原外，大部系山岳丘陵，峰峦纵横交错。境内山脉为中国横断山脉之余脉，主要有野人山脉、东加亲山脉、怒山山脉，山势陡峻，部队行动困难。河流多由北向南，主要有伊洛瓦底江、萨尔温江、锡唐河、仰光河等，均不能徒涉。全境大部分系热带季风气候，最大之特点为潮湿与炎热。全年气候主要分为干季和雨季，自11月至翌年3月为干季，4月至10月为雨季。雨季来临，数月连绵，瘴雨蛮烟，行军作战均感困难。缅甸系多民族国家，以缅族为主，其他有克伦族、掸族、钦族、克钦族等，此外还有少数印度侨民及华侨等。大部居民信仰佛教。缅甸控制着由马六甲海峡进入印度洋区域的要冲，且为陆上通往中国和南亚次大陆的重要门户，战略地位十分重要。

缅甸自19世纪80年代起沦为英国的殖民地，是大英帝国在东南亚势力范围内的一个重要战略基地。英国以此巩固着它在印度的殖民统治，进窥中国，挟制泰国，并以此作为英国在远东第一军港新加坡和马来亚殖民地的后方基地。

缅甸的第一大城市仰光，南临安达曼海，有港口和铁路，铁路向北延伸经过中部的第二大城市曼德勒，直达密支那和腊戍。腊戍是滇缅公路南端的起点，由此经过畹町进入中国云南滇西地区直达昆明。太平洋战争爆发初期，缅甸是在东南亚唯一未被日军占领的国家，是同盟国在亚洲大陆的南翼屏障，在战略上具有举足轻重的地位。日本御前会议曾决定"为了完成帝国的战争，在太平洋及印度方面，以包括千岛群岛、小笠原群岛、内南洋岛及西部新内几亚、其他群岛、缅甸的这一圈子为应该绝对确保的重要地区"。日本进攻缅甸的目标是为切断中国与西方联系的唯一陆上交通线滇缅公路，断绝美英援华战略物资，孤立中国，使中日战争早日结束；彻底摧毁英美在缅甸的空军基地；伺机进犯印度，以便和东进的德国在中东会师。因此，缅甸之战在太平洋战争初期具有极为重要的意义。

▶ 目　录

出师远征十万大军入缅甸

1942 年初，日军威逼泰国边境，谋取缅甸，驻缅英军和美军向中国运送作战物资的唯一陆上通道——滇缅公路受到严重威胁。中国政府应英国政府请求，并为了保证滇缅公路的畅通，编组了中国远征军，入缅作战。远征军由卫立煌任司令长官（卫立煌未到任前由杜聿明代理，后改派罗卓英充任），辖杜聿明的第五军、甘丽初的第六军、张轸的第六十六军等三军及其他辎重、特种部队，共计 10 万人。自 1942 年 2 月下旬起，陆续开进缅甸，对日作战。史迪威担任中国远征军第一路军总指挥，下辖第五军、第六军和第六十六军，其中的第五军是当时国民党军队唯一拥有最新机械化装备的精锐部队。

▲1942 年 3 月，中国远征军入缅作战。

为迅速进至预定地区,中国远征军加紧向缅甸输送。第六军先遣第49师由保山出发沿滇缅公路经腊戍等处进入孟畔地区,接替英军防务;军部及后续部队至雷列姆、南桑、东枝等处部署作战。仰曼铁路以东至泰越边境地区,划为中国远征军之防区。远征军又划东枝、垒固、亘莫契以东亘泰缅边境至老挝湄公河右岸地区,为第六军防区。第五军不待第六军后续部队运输完毕,即先遣第200师、骑兵团及工兵团等,推进至东吁(旧译同古)阻击日军,并掩护当地英军撤退及远征军主力集中。3月8日,该军先遣部队如期到达,占领阵地。至3月16日,中国远征军的部署概要如下:第五军直属骑兵团在彪关河附近,第200师在东吁及其周围地区,军部及直属部队在塔泽、漂贝地区,新编第22师及第96师于23日后在曼德勒东北地区集结。第六军暂编第55师第1团在垒固、保勒间地区,其主力在南桑地区;第49师在孟畔地区;第93师在景栋地区;刘观龙支队在孟勇、芒林、大其力等地,沿泰越边境布防;军部及直属部队在雷列姆。

18日,中国远征军总预备队之第六十六军新编第28师、新编第29师,由国内分批向腊戍运送。同日,英方通知中方已将英缅第1师、英印第17师、英装甲第7旅合编为英缅第一军,由斯利姆中将任军长,担任伊洛瓦底江方面作战任务。

史迪威抵达腊戍后,对中国远征军设防的东吁、东枝、曼德勒和腊戍等地进行了视察,并于3月18日飞返重庆,向蒋介石建议远征军主力应尽量南下,集结于南线的东吁,以便乘日军兵力分散之机,举行反攻,收复仰光。但蒋介石不同意,他认为东吁一线已有第200师设防,主力仍应集中在中部城市曼德勒,称:"我在缅甸作战,应切记两大纲要:第一,应选择与敌最后决战之场所，此场所应在曼德勒以南之近郊；第二，应固守曼德勒。此次在异邦作战，余至感关切，盖危机有二：第一，当地民众倾向敌人，对我并无好感；第二，缺少统一指挥。历史上之联军，因指挥不统一而失败者数见不鲜。……故彼等绝对不能挫折，苟有挫折，其影响将为整个中国不可挽救之损失。再者我深知应尽量予英方以精神上及事实上之援助，然我入缅部队作战之时，不应信赖英方的援助，此余所以主张将第五军之两师驻守曼德勒。"① 反复商议后，蒋介石同意史迪威的建议，并指出，切盼英方能守卑谬（东吁的西侧），我方当守东吁。

3月25日，亚历山大飞抵重庆晋见蒋介石，感谢中国对保卫缅甸所给予英国军事上的援助，并告知英缅军已集中卑谬地区布防，表示英军一定要坚守卑谬。蒋介石要求亚历山大信守诺言，亚历山大信誓旦旦，还表示："阵线稳定之后，我当即准备反攻，以克复仰光为目标。"②

至4月上旬，中国远征军先后输送完毕。第五军沿仰曼铁路布防，警戒曼德勒至东吁一线，第200师坚守东吁要冲。第六军部署于第五军左翼，沿萨尔温江布防，其第93师于景栋向泰越边界警戒，第49师于孟板向泰国边境警戒，暂编第55师守备东枝、垒固、莫契地区。第六十六军为总预备队，布防于曼德勒及其以北地区。中国远征军入缅作战的战略是："远征军以支援英军确保缅甸国际补给线之目的，即深入缅甸境内，力求于曼德勒以南地区击破日军，状况不利时，主力以密支那、八

① 秦孝仪：《中华民国重要史料初编——对日抗战时期》第2编，《作战经过》(3)，中央文物供应社1981年版，第255页。
② 秦孝仪：《中华民国重要史料初编——对日抗战时期》第2编，《作战经过》(3)，中央文物供应社1981年版，第262—264页。

莫为基地，一部以景栋为基地，策划持久，以确保国境。"①

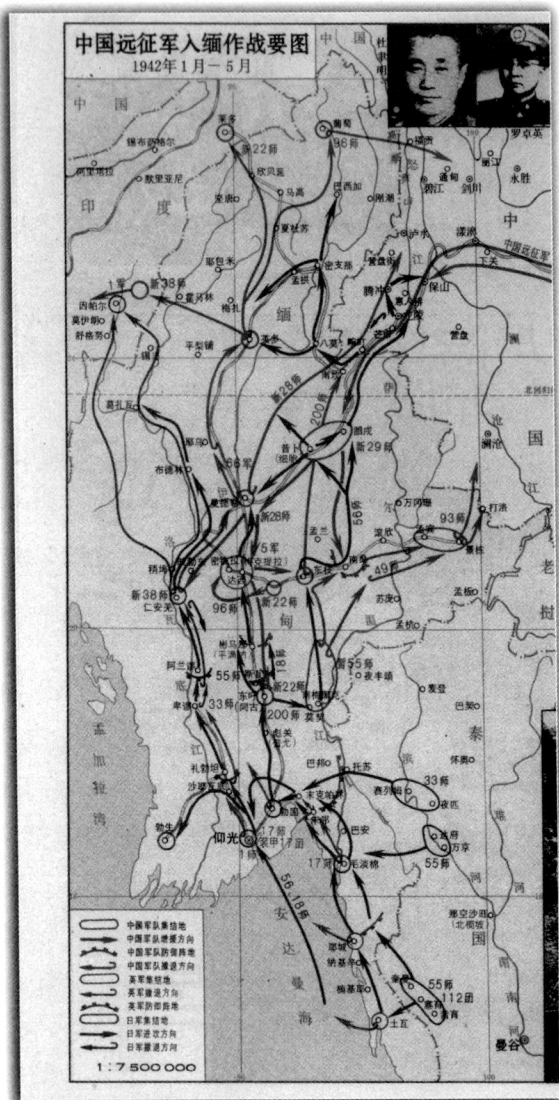

中国远征军第一次入缅作战要图

---

① 蒋纬国：《抗日御侮》第 8 卷，黎明文化事业股份有限公司 1978 年版，第 183—184 页。

东吁血战戴安澜威震敌胆

1942 年 2 月中旬，中国远征军只有第六军的第 49、第 93 师进入缅甸景栋地区，其余各部仍在滇缅公路集结待命。此时由于缅甸战事吃紧，英国人急着要远征军入缅参战。2 月 16 日，蒋介石下令先运送第五军入缅，以第 200 师为先头部队。

在曼德勒正面作战的中国远征军第五军，决心以先遣第 200 师在东吁及其以南地区阻敌前进，掩护军主力于彬文那附近集结，准备与右翼英缅军协力实施会战，击破当面之敌后，收复缅南地区。

3 月 8 日，第五军第 200 师进抵东吁，接收了英缅军的防务，并掩护其撤退。3 月 10 日，日军第 55 师团由勃固出发，向东吁推进，英缅军向北撤退。18 日，远征军第五军骑兵团前卫分队在彪关河以南地区接应英军，与日军激战，掩护了英军安全撤退。19 日，日军第 55 师团以一个营进入彪关河中国骑兵团预设阵地，当其汽车行至大桥北端时，大桥被炸，敌车尽覆，大部被歼。彪关河前哨战，是侵缅日军第一次受到中国远征军的打击，同时也拉开了东吁作战的序幕。

在前哨战中缴获的日军文件，证实了日军第十五集团军以曼德勒为主要目标，分三路进攻的作战企图。据此，杜聿明决定集中主力击破当面之敌，进而协同英军收复仰光。这一决定得到了史迪威的支持。于是，杜聿明亲赴东吁，指导第200师固守东吁，掩护主力集中，准备东吁会战。

18日，日机40余架分三批轰炸东吁，东吁全城终日大火，毁成瓦砾。20日，日军第55师团以一个师团的兵力在飞机、火炮掩护下，以坦克、装甲车为先导，开始向东吁地区进攻。战至21日，日军伤亡300余人，仍被阻于东吁守军的鄂克春前进阵地。

21—22日，日机数十架狂炸马圭基地，英机被毁28架，重创8架，轻创21架。至此，英在缅空军几乎全部丧失战斗力，日军掌握了缅甸战场的制空权。

22日，日军继续攻击，并以一部迂回前进阵地，均被击退。日军乃增加兵力，于23日以两个师团的兵力在20余架飞机掩护下，实施连续进攻。中国远征军第200师以步骑兵相配合，向日军侧翼反击，并用集束手榴弹、燃烧瓶与日军坦克、装甲车展开搏斗，炸（烧）毁日军坦克、装甲车多辆，日军进攻受挫。日军承认自代库北进以来，这"还是第一次与强敌遭遇，由于轻敌致使进攻受挫"①。

24日，日军第55师团师团长竹内宽中将亲临前线督战，发誓要为在22日、23日战斗中被打死的55骑兵联队副长横田大佐和112联队二大队长冈田少佐以下500多名日军报仇。中国骑兵团3连上士班长熊志成亲手击毙横田大佐，俘获其战马，并从横田尸体上搜出他的《阵中日记》，其中写道："自南进以来，皇军所向披靡，敌军望风逃窜，惟东吁之战，却遇劲敌。劲敌者重庆军200师是也。"另在屋墩战斗中俘获日军112

---

① ［日］防卫厅防卫研修所战史室：《缅甸攻略作战》，朝云新闻社1967年版，第294页。

▲1939 年，任第 200 师师长的戴安澜。

联队的文件上则有如下文字记载："自代库北进以来，在屋墩（Oktwin）还是首次与强敌相遇，战斗十分激烈，却始终无法突破敌阵。由于轻敌使我进攻受挫，且从前线不断传来攻占敌阵的误报，使指挥陷于混乱和苦战。"日军 22 日、23 日在担德宾、屋墩一带受到重挫后，才发觉这是他们狂妄轻敌冒进造成的恶果。当晚竹内宽便将他的作战司令部由代库推进到了皮尤，亲自指挥 24 日的进攻。他首先要求其空军于 24 日天明后，派出20 多架飞机，轮番对东吁城内外和坦德宾（Tantabin）、屋墩、耶索（Yetho）中国军队第 200 师的主阵地和前进据点狂轰滥炸，我军工事受到甚大破坏，伤亡累累。中午，日军以骑兵联队和 112 步兵联队，在飞机、坦克和大炮支援下，对坦德宾、屋墩、耶索一带疯猛进攻，同时以一个步兵大队兵力乘鏖战之机，由坦德宾、屋墩之间潜行钻隙，向北突进，企图切断坦德宾、屋墩的后路，对坦德宾、屋墩我 598 团周朗营和 600 团吴志坚营构成前后夹击之势。指挥战斗的黄景升副团长闻讯，知情势危急，立即亲率预备队（由第200师骑兵连和军骑兵团5连组成）向敌展开反击。我官兵虽然奋不顾身，勇猛击敌，却因敌众我寡且缺乏重兵器支援，仅能用大刀和步枪击敌，遂演成肉搏混战，激战中黄景升副团长不幸牺牲，部队也伤亡甚众。敌遂切断了坦德宾、屋墩我守军的后路，使其陷入日军重围之困境。与此同时，日军步兵143联队则从耶索西侧沿仰光至曼德勒铁道以西的丘陵地带（其地长有茂密灌木丛）向北偷偷迂回，于24日午后一举袭占了我工兵团据守的克永冈（Kyuangon）和康道（Kangdao）据点，严重威胁着戴安澜设在南松宾的第200师作战司令部，而且切断了东吁的后方交通线。情况危急，戴安澜亲自指挥598团主力及刚刚乘汽车赶来的军补1团王肇中部（欠3营）拼力反攻，却未奏效。戴安澜见东吁已遭到日军从南、北、西三面的围攻，第200师的后方交通已被敌切断，而援兵竟未至，情势危急，他果敢地决定：以固守东吁、阻击敌军于阵地前之目的，抱定与阵地共存亡之决志，断然收缩兵力，调整部署，以待增援。当即作出如下处置：

一、命令现仍据守在坦德宾、屋墩、耶索的周、吴两营于25日午夜突围，各自归还原建制。

二、令598团占领东吁北方既设阵地。

三、令599团（欠3营）据守东吁南面现阵地。其第3营随师部守英登冈。由军补1团3营附工兵连和骑兵3连据守河东阿姆阳阵地。

四、师骑兵连和侦察队任毛奇公路之巡逻警戒。

五、600团据守东吁西面。其1营为师预备队，位于东吁城中，保持机动。

六、师部即向河东移动，据守英登冈，由599团3营，师特务连担任师部警卫和英登冈据点之守备。

七、全师伤员由工兵团护送经河东赴叶达西。

▲中国远征军在缅甸东吁行军至某前线阵地

这样一来，第 200 师便以东吁城为核心，以 598 团在北、599 团守南、600 团据西，师部及其他部队在河东，构成的环形防御体系，进一步抢修防御工事和阵前障碍与反坦克设施，由政工人员带领华侨志愿队侦察缉捕缅奸日谍（日谍多化装成和尚或利用缅甸和尚进行侦察和破坏活动。因和尚在缅甸享有特殊地位，普遍受人尊敬）。同时电请杜聿明派援兵并补充粮弹，以备久战死守。22 日夜，日军继续以陆空联合向鄂克春前进阵地攻击，同时以 1100 余人向东吁以北的克永冈机场迂回，且迅速攻占该机场。第五军以在彬文那的军补 1 团紧急增援，但机场已失，第 200 师亦派一个团向机场日军反击，未能奏效。日军切断了第 200 师与后方的联系，东吁守军陷入日军三面包围之中。是晚，第200师师长戴安澜立下遗嘱："如师长战死，以副师长代之。副师长战死，以参谋长代之。参谋长战死，以某团团长代之。"① 同时命令各部队班以上干部分别指定自己伤亡后的第一至第三代理人，向战士公布，以防指挥中断。这充分表明戴安澜和第200师官兵都已下决心死守东吁，决志与东吁共存亡，其壮烈至为感人。全师各级纷纷效法，表示了誓死保卫东吁的决心。

25日，日军第55师团全部出动，由南、西、北三面围攻东吁。从清晨开始，日军强渡南方的康邦江（Kabang. R.）。在重炮支援下，伴随12辆坦克和15辆装甲车，向599团阵地猛攻；已占据康道和克永冈的日军则向600团和598团阵地猛扑；敌骑兵联队则由锡当河东岸向阿姆阳和旁昌两地我河东据点进攻；敌机30余架则临空肆虐，战况空前激烈。戴安澜为求迅速打破被日军三面包围的困境，夺回东吁战场的主动权，决定以到达叶达西附近之军补2团资崑如部，即沿东吁以西山区向康道和克永冈西南方的榜塞克（Paunglilk）作远程渗透迂回，袭扰康道和克永冈地区敌军后方，破坏其补给通信，虽有所获，却未能击退该敌对东吁西北方面之攻势，且导致该敌抽出约一个大队兵力专事对军补2团的反扑。敌军遂于26日清晨乘势袭占了南阳（Nanyang）火车站，抢筑防御工事，以图阻止我军由叶达西向东吁进援之作战行动。

是日，蒋介石电令中国远征军："侵缅之敌，似有以主力向东吁、曼德勒进攻之企图。我军在目前应以第五军之第200师、新22师及军直属部队，在东吁、彬文那间与敌作第一次

---

① 贵阳中央日报社编印：《缅甸作战时期戴安澜将军日记》，贵阳中央日报社1942年版，第4页。

会战。如会战不利，应行持久抵抗，以逐次消耗敌人。务期在此期间，迅速将第六十六军全部及第96师与暂编第55师，集中于曼德勒、塔泽间地区，使第二次会战准备完成，以期一举击破深入之敌。"① 杜聿明接到命令后，决心攻击当面之敌，将其压迫于喀巴温河右岸而歼灭之。当晚部署：以第200师为固守兵团，固守东吁城；以新22师为攻击兵团，攻击仰曼公路以西地区当面之敌的左翼；以军补2团及1团之1营为右侧支队，由东吁右侧山地推进，向敌左侧背攻击；第96师以火车输送至耶达谢附近集结待机。

26日，日军出动飞机数十架，狂炸东吁城内外及其周边我守军阵地，其步兵则在坦克、炮火掩护下分途向我东吁主阵地猛扑。我守军奋勇还击曾予敌以重创。终因敌军地面和空中火力过猛，我军防御工事大多被毁，官兵伤亡骤增，敌便乘虚突入，形成惨烈的巷战和拉锯战。由于第200师官兵战斗经验丰富，战斗技能强，士兵和班排各自独立为战的能力也强，每当日军突破我阵地占据我阵地内某一据点时，左邻守军仍能固守阵地抗击敌军，使排连以上指挥官得以及时组织预备队对入侵之敌展开果敢的反击，遂将入侵之敌就地消灭或者予以驱逐，使我军阵地便失而复得。日军地面部队对东吁疯狂猛攻的同时，其空军则派出强大编队共达90余架飞机，分批对东吁以北的叶达西、平满纳、漂背、塔译、曼德勒各处火车站和桥梁大肆轰炸，引起大火，使我增援东吁的新22师行动大大受阻，以致新22师主力延至27日方抵达叶达西。

27日，日军继续猛攻东吁，出动20多架战机轮番地猛烈

① 蒋纬国：《抗日御侮》第8卷，黎明文化事业股份有限公司1978年版，第195页。

轰炸，疯狂扫射，其炮兵则进行地毯式的炮击，使我防御工事受到严重破坏，官兵伤亡骤增。日军步兵在其飞机、坦克、大炮掩护下，数度突入第200师东吁阵地，演成巷战、拉锯战，互有进退。戴安澜令598团2营从敌右翼出击，直捣其背后；敌不支，遂退回康邦江南岸。其间敌因久攻未克，曾对我阵地守军施放毒气，第200师官兵仍然坚强抗击，固守阵地。敌见施毒无效，又加强火力和地面进攻，最终仍被第200师击退，形成对峙状态。当夜，新22师全部到达南阳车站附近，乘夜完成攻击准备。28日拂晓展开攻击，但进展迟缓。攻击东吁的日军，得知远征军增援部队到达，亦加强攻击，并施放糜烂性毒气，守军伤亡虽重，仍顽强坚守，阵地屹立未动。此时，日军后续部队第56师团也已赶到东吁，该师先遣团于28日抵达东吁南面，与第55师团取得联系后，即以主力向锡唐河东岸移动，攻击东吁守军的左侧背。

28日，当日军第56师团平井支队进入东吁南侧时，正是第55师团围攻东吁我第200师，并在克永冈一带阻击我新22师战斗最激烈之际。当日，敌出动飞机190多架次，战车、装甲车近百辆，大炮近百门，在猛攻东吁城垣及周边我军据点的同时，以143联队附112联队一部在南阳车站、克永冈一带极其顽强地阻击我新22师的进攻。敌对东吁我第200师的进攻兵力，有步兵112联队主力和工兵、骑兵两个联队的全部，共达8000余人。敌人凭借空军和炮火优势，在坦克、装甲车支援下，从南、西、北三面对东吁我第200师阵地猛烈进攻。我第200师官兵遵循戴安澜在平时训练中的要求，"与敌百米、五十米决斗，用手榴弹刺刀解决战斗"，当敌轰炸炮击时，阵地上只留狙击手监视并射击敌指挥官，其余官兵躲入掩蔽部，俟敌进至百米附近再进入阵地与敌搏斗，给来犯之敌以沉重打

击。敌众我寡，我阵地曾被突破，我各级指挥官便及时组织反
击，又将敌打退。如此敌来我往，阵地失而复得多次，战斗至
为惨烈。

▲1942 年 3 月，中国远征军第 200 师与日军主力在缅甸东
吁及周围地区激战数日，重创日军。图为中国炮兵在东
吁投入战斗，片刻之后，他们中间有三人被日军狙击手
射杀。

29 日拂晓，远征军新 22 师攻克南阳车站，但在日军顽抗
下进展缓慢。东吁守军弹粮缺乏，陷于苦战。第 96 师在运输
途中被阻于彬文那附近，无法前进，使中国远征军的整个作战
计划受到影响。

杜聿明鉴于已不能迅速集中主力与敌决战，以解东吁之
围，遂果断决定放弃东吁，保全军力，再伺机与敌决战。于是
命令第 200 师于 29 日晚突围，东渡锡唐河，在耶达谢集结归

还第五军建制。是晚，第200师主力突围。30日晨，包括伤病员均有秩序地安全渡过锡唐河，转移至耶达谢附近。至此，历时12天的东吁保卫战结束，中国远征军共歼灭日军5000余人。

东吁保卫战，中国远征军以一师劲旅，深入缅南，与数倍于己、拥有强大空中支援的日军血战十二天，然后主动地安全转移，不仅粉碎了日军企图在东吁聚歼中国远征军主力的计划，而且重创日军第55师团，有力地支援了英缅军。日军也承认："当面之敌是重庆军第200师，其战斗意志始终旺盛，尤其是担任撤退收容任务的部队直至最后仍固守阵地拼命抵抗，虽说是敌人也确实十分英勇。"① 4月1日，亚历山大驱车来到中国远征军第五军司令部所在地漂贝，会见杜聿明，赞扬东吁中国军队英勇善战，并对中国军队在东吁掩护英缅第1师安全撤退表示感谢。然而，由于东吁会战计划未能实现，又放弃了这一战略要地，失去了对东吁至莫契公路的控制权，致使日军可以分兵从东路长驱直入，威胁中国远征军的后方战略基地腊戍。

---

① ［日］防卫厅防卫研修所战史室：《缅甸攻略作战》，朝云新闻社1967年版，第297页。

新 38 师仁安羌解救英军

　　远征军与日军激战于东吁的同时，还在仁安羌（Yenan-yaung）等地掩护英军的撤退。仁安羌一战，孙立人率新 38 师救出了以英军司令亚历山大为首的 7000 余人。此役轰动了整个英伦三岛，中国军队声威大振，伦敦人称此役为"暴风雨前暂时沉寂中的一道清流"。美国官方有关中印缅战场史作者罗曼尼·森德莱说："在第一次缅甸战役中，新 38 师及其卓越的指挥官一出兵就建立了他们的声誉。"

　　日军自攻占新加坡军港后，为彻底打击英军，并切断通往中国的交通路线，以四个师团 10 余万众侵入缅甸。3 月底至 4 月中旬，日军攻占东瓜、勃郎、阿蓝庙（Allamyo）、马格威（Magwe）等地后，为减少侧面威胁，乃以其第 33 师团，沿伊洛瓦底江北进，窜至缅甸中部的仁安羌油田。该地英军第 1 师及其战车 1 营被日军包围，粮尽弹缺，水源断绝，后援不继，危急万分。我远征军长官部乃命刚由国内到达曼德勒的新 38 师两个团，兼程赶往救援。

　　第 200 师于 4 月 17 日接到紧急命令后，即由副师长齐学启将军率领刘放吾的 113 团登上汽车直奔仁安羌。途经设于眉苗（Maymyo）的英军亚历山大将军（Gen. H. R. Alexander）指挥部报到时，恰好师长孙立人将军赶到指挥部。亚历山大拿

▲日军进入仁安羌油田

出一份英军第 1 师师长的电报给孙立人师长看："本师饮水及食粮断绝已经两日，困难万分，官兵无法维持，势将瓦解。"①亚历山大脸上显然变了颜色。孙立人镇静、坚决地对亚历山大说："请你转告在仁安羌的贵军，无论如何再忍耐一天，我的部队纵使战到只剩下一兵一卒，也要在二十四小时内击溃日军，救出你的部队……"当时亚历山大非常感动得紧紧握住孙立人将军的手说："我相信你，谢谢你的部队，将军！"

17 日下午，一位英军少校带了两名英兵携带无线电台来到 113 团团部报到，原来是亚历山大派来的联络官。这位联络

---

① 蒋纬国：《抗日御侮》第 8 卷，黎明文化事业股份有限公司 1978 年版，第 220 页。

官讲一口流利的中国话，他说是在中国北平出生的。当他看到我们士兵的装备，尤其是每个官兵脚上穿的那双草鞋时，立刻露出诧异和不屑的神情。"你们只来一个团吗?"他说。这也难怪他要问，因为在他看来，这些赤脚穿草鞋着短裤的中国军人，没有牛肉罐头与面包吃，又不懂得跳舞和开香槟酒，怎么能和日本军队打仗呢? 日本军队如何厉害，在仰光的英印缅军是领教过的了。他的表情在远征军的官兵眼里实在很刺目，于是齐学启副师长很客气但极坚定地告诉他:"中国军队一个团，要抵贵国军队一个师甚至一个军。因为我们的士兵一个可抵十个日军，而且具有最灵的一种武器——牺牲的精神，就是不怕死。"中国军队的一个团，跟英军被围的那一师机械化部队和战车营比起来，在数量上显然是不能相提并论的。这位英军联络官耸耸肩，两手一摊，连说:"是! 是!"

新 38 师是一个训练有素，善于夜战、奇袭，果敢猛进的队伍。4 月 17 日黄昏前开到了仁安羌拼墙河（Pinchong R. 宾河）北岸，在距河 5 英里的地方进入攻击准备位置，准备夜间攻击。师长孙立人将军召集连长以上干部，在地图上分析正面的敌情与英军第 1 师的位置，而且训示:"本师的力量不是单靠武器与敌人较量，主要的是发挥以一当十、以寡击众的技术和攻击的精神与牺牲的决心和日军作战，先派 113 团来仁安羌，是解救被围的英军，也是 113 团全体官兵的光荣。这一仗不但是攸关本师及整个远征军的荣誉，而且更影响到我国的声誉，所以各级指挥干部务须身先士卒，抱'不成功，便成仁'的牺牲决心，奋勇向前。攻击目标第一阶段是，先把拼墙河北岸地区之日军击溃，看哪一连先到拼墙河边即用红白旗交叉左右摇动与英军取得联络，掩护其突围，112 团随后就到，后方不必顾虑，只管向前冲杀日军……"聆听师长训示后，整个部队士气高昂，无不抱"不成功，便成仁"的决心，向敌人阵地猛攻。

时任 2 营 5 连连长的孙尉民回忆这一次战役：

113 团的部署是以公路为界，杨振汉的 1 营在左，刘湘衡的 2 营在右，3 营为预备队，担任两侧与后方警戒。17 日夜 9 时，全团向敌阵攻击前进。我连正值搜索前进中，突然，树丛中出来两个被日军冲散的印度士兵，看到我们时，竟吓得直发抖，跪在地上，举起双手说："向你们投降的，日本人。""我们是中国军队，来救你们英印军的，起来，不要怕。"我对两个印度兵说完，这两个黑面孔的印度兵才半信半疑地把手放下，站了起来，脸上露出笑容，连说："谢谢。""你们知道日本军有多少？位置在哪里？"我问。"在前面约 200 米一带的高地上，多少人不大清楚，"印度兵说，"指挥官，我们俩已三天没吃食物了，而且水也没喝一滴，能否给些食物与水？"我把自己所带的一壶水和两个夹咸菜的馒头给他们吃，同时派人送他们到营部去。

当天 22 时 30 分左右，我搜索兵首先发现敌人的阵地。孙连长命全连弟兄尽量利用地形地物潜行接近敌阵地，非有命令不得开枪。我们潜行到适当距离时，我一声令下即发起冲锋，把敌人的据点占领了，俘虏了五个日本兵，送到后方。

从军事常识上说，这只是敌人的前哨——警戒阵地。因此，我连继续严密搜索前进。于 18 日凌晨 2 时，与日军的主阵地接触，官兵们奋勇地直向敌人的阵地冲去，经过三小时的冲杀，日军溃退。我连仍然猛追，直至仁安羌油田前的拼墙河边时才又遭日军的顽强抵抗，时间已是翌日上午 7 时。此时，日军的大炮向我连猛烈轰击，而且日机亦临空轰炸，扫射我连。我们虽在敌人的炮火与敌机交织压制下，难免伤亡，但仍表现出坚忍与大无畏的战斗精神，在我军迫击炮及轻重机枪的火力掩护下，勇猛地攻向敌人设于河边的阵地，与日军短兵相接，肉搏格杀起来。这时最能发挥杀敌效果的，便是连上的几把大刀（每班配有两把）。溃逃至河中的敌人，也不能逃脱我各种枪炮的射击，都变成了拼墙河底的水鬼。

正当本连全力扫清顽强抵抗之日军时，机二连谭龙彬连长带着两挺重机枪赶来增援。

18 日上午，我连已将公路右侧之日军全部肃清，于是我立即派人与困在拼墙河南岸之英军用预先约定的旗号取得联络，并以猛烈的火力掩护在南岸的英军突围，救出被围困的 3000 多英印军。英印军不顾日军的炮火封锁，拼命地由南岸向北岸奔跑。到我军阵地前，个个跷起大拇指表示钦佩与感谢。

就在此时，一位英军指挥官偕一位华侨翻译来到我的指挥所。他看到我腰间佩着左轮手枪，胸前挂着望远镜，因此，径自走向我的面前。"请问，你是中国部队的指挥官吗？"他满怀感激地说。"是！我是中国部队的连指挥官。"我说。"我是英军部队的旅长。"他自我介绍说。"噢！你有什么事吗？将军。"我说。这位英军旅长紧紧地握着我的手说："我实在钦佩贵国英勇的军人，真是一支了不起的军队，指挥官，谢谢你的部队救出了我们一个旅的人。不过我们英军还有几千人困在河的南岸油田中心地区，请你赶快率领你的弟兄们冲过河去救出我们英军吧！""当然，将军请放心，我们中国军队的任务就是要把贵军全都解救出来。不过，我已奉上级指挥官命令暂时停止前进攻击日军，但我可以把将军的意见电告上级。""谢谢你，上尉！能否请你派人带我去见你们的高级指挥官？"他激动地说。"当然可以，马上就派人陪你去。"我说。要离开时，这位英军的旅长又紧紧地握着我手说："上尉，我们英军已三天没有吃东西了，实在太辛苦了！无论如何你要请求上级准许你马上渡河攻击，把我们仍困在油田的英军救出来。"

我听到他说三天没吃东西了，就对他说："你愿尝尝中国的面包吗？""那太好了！太好了！"他说。我就叫弟兄拿四个夹有咸菜的馒头分给他们各两个，不到三分钟他们就吃下肚了。"谢谢你，上尉"，他们说，"再见，再见！"

正午 12 时，左翼的 1 营亦攻到了拼墙河北岸。至此，我团已胜利完成第一阶段任务——把拼墙河北岸之日军全部肃清。

于是，我团奉命暂时停止进攻，略作整理并补充弹药，就地加强工事，并严密警戒以防敌军侧面逆袭。英方一再催请我军立刻渡河进攻，但我们师长认为白天渡河太暴露，敌军又是居高临下，我军处在仰攻态势，如果攻击稍一遇挫，敌人可能立即窥破我军实力，这样一来，不但不易完成解救全部英军的任务，并且可能使我团陷入危险的境地。

孙立人师长命令我团暂时停止正面攻击，坚守北岸已经占领的阵地，在黄昏以前用各种手段把对面的敌情和地形侦察清楚，再在黄昏后渡河占领桥头阵地，掩护主力渡河，准备在夜间攻击。

19 时整，我团开始渡河。我连在强大炮火掩护下，首先强行敌前渡河。此时，敌人的照明弹、闪光弹、炮弹、掷弹筒、机关枪、步枪等各式的兵器，闪烁出各种不同的火光，把整个的拼墙河地区交织成一幅五色缤纷的画面，企图阻止我连渡河。虽然如此，我连仍然一波一波地冲上彼岸占领桥头阵地，掩护我团主力渡河，向敌军攻击。

日军为了消灭我渡河成功的部队，特派出一支约 500 人的袭击部队，不顾一切，猛扑我团右翼 3 营正面，双方展开激烈战斗。在精明能干的鲁廷甲营长的指挥下，3 营官兵前仆后继，经过约一小时的拼死冲杀，杀得日军大败而逃，遗尸 200 多具。此役我军 3 营亦损失不轻，共牺牲官兵 70 余人。日军逆袭部队被我团粉碎后，穷凶极恶地把油田上的所有原油一概点燃，烧得整个战场火光冲天，似一片火海。此时正当我军进攻，日军便集中火力，封锁我军进攻的每一条路线。敌人火力之密集，可说连飞鸟也难越过。但日军的火焚战术使我团看清了敌人的阵地与火器的位置。我团就用山炮、轻重机枪及各种口径的迫击炮，向日军阵地猛烈轰击，压制敌人的火力，掩护我团接近敌阵地冲杀。油田地区原来有英国人所住的钢筋水泥洋房甚多，日军加以利用，凭坚固守，负隅顽抗。我团奉命不惜任何代价猛攻，1 营由东面，2 营由西面，一齐向南进攻，并限于拂晓前占领整个油田区。

我团于 19 日子时，发动逐房猛攻，毫无顾忌地冲过布着地雷的巷道，冒着日军掩体射出的各种枪弹与大炮交叉火力的轰击。弟兄们装上刺刀，扛着炸药，举着手榴弹，个个争先，飞跑到每一栋洋房前面，向着日军固守的阵地，引燃炸药，投掷手榴弹，摧毁其固守工事，逐房肃清敌人。而被打伤的日军仍在废墟中继续顽抗。因此，我团为争夺一处钢筋水泥洋房据点，要耗上一两个小时，进展极慢。而且每夺一栋洋房，总要展开血肉横飞的拉锯式惨战，喊杀声，枪炮声，撼天震地。正在这个时候，师长亲临前线指挥。他望着火光冲天的油田地区，想到远征军的声誉，国家的荣誉，英军的期望；想到救兵如救火，尽赖此役之成功，若不能掌握战局，捕捉战机，于拂晓前把日军击溃，黎明后，我师在不利地形仰攻，且在敌人优势兵力压迫下，必然会伤亡大增。于是师长遂毅然下令我团全力猛攻，并命我连由右翼向敌迂回攻击，以收夹击之功。这一招果然成功。

20日凌晨3时，我团集中主力攻取日军最后一个据点，争夺最为激烈。此一最后据点，是仁安羌油田中心的最后一排洋房，周围一带都有木栅和树丛以及日军构筑的错综的交通壕和机枪巢。在军事上说，是居高临下，能控制整个油田地区，有利于守、不利于攻的一个坚固据点。尽管如此，我团仍发挥了夜袭、果敢、猛进的特点，发挥一以当十的杀敌技能，前仆后继地拼死冲杀上去，一直冲上油田、山坳里、油池边，付出了巨大的代价。这一场火网中夹集着白刃肉搏的残酷搏击战，从午夜1时持续到拂晓，敌人的第33师团被我团完全击溃，他们丢下了1500多具死尸，狼狈地向仰光方面逃窜时，又遭我团预先埋伏的部队猛烈截击，溃不成军。

到此，我团攻克全部仁安羌油田地区，首先将被俘的英军、美传教士和新闻记者500余人解救脱险，并将英方被敌人抢去的辎重汽车300多辆交还英方。接着英军第1师步兵、骑兵、炮兵、战车部队6000余人和1000多匹马都在我团的安全掩护下，从左翼向拼墙河北岸退出。三天的苦熬已使他们狼狈不堪，满面胡须的英印兵个个欢喜若狂，一路上个个都竖起大拇指向我团频频致谢。有的英军军官抑制不住感激的热情，抱着我们的官兵跳了起来，友情的高扬已经到达了顶点。这是至为动人的镜头，也是中国军人最快乐的一刻呀！仁安羌战役结束后，我在团部又碰见了那位英军联络官，于是我就问他对于英军被我团救出的感想。他满面喜悦而带感激地说："贵团打得太好了，实在精彩极了！你们官兵英勇多谋，指挥官都是世界第一流的，确实令人钦佩。我十二万分地感谢你们英勇而伟大的中国军人。"

▲1942 年 4 月，中国远征军新 38 师师长孙立人率部在缅西战略要地仁安羌地区营救出被包围的英军 7000 余人，取得仁安羌大捷。图为获救的英军与远征军一部会合后向印度转移。

此役之惨烈，可以从我团成仁的官兵数量上窥见其大概。本连因所负任务特殊，所以损失亦最为惨重。战役结束后，全连只剩下官兵 32 人。当然其他各连伤亡亦是颇重的。据统计，全团阵亡官兵有营长张琦、连长顾纪常、刘竹秋、庄陶等 250 人，负伤者有连长谭龙彬、陈尚等 470 余人。日军的死亡人数更是庞大，整个战场上到处都是日军尸体，以及身负重伤奄奄一息的伤兵，真是惨不忍睹。

仁安羌之役，在军事上是一个奇迹，是第二次世界大战期间，中国军队在异域御敌首次取得辉煌战果的一次战役。

中国军队是以少胜多，以寡救众。这一仗，不但表现出中

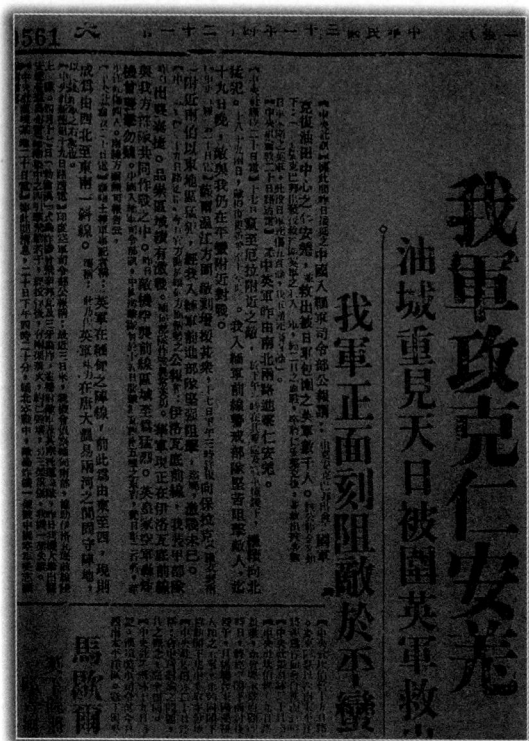

▲图为 1942 年 4 月 21 日，《大公报》对仁安羌大捷的报道。

国军队严格的训练和旺盛的士气，更表现出中国指挥官卓越的将才、优秀的判断能力、超人的战术眼光、胆大心细的断然处置。同时，这一仗还不只是表现出中国军队作战的英勇惊人，而且显示出中国文化传统的优越性。孙立人将军回答史林姆将军的"中国军队战至最后一人，也一定要把贵军解救出险"一句话语，就充分发扬了中国军人舍己救人和不背盟信的美德，以及中国军队和中国人民对道义的高深教养。后来新 38 师转进到英法尔（Inphal）时，又和英军第 1 师碰在一起，彼此虽语言不通，但相互以目光表达情感，有些英军官兵见了我军，眼眶中竟都含有感激的晶莹泪水。这种表情不只是在羡慕新 38 师的战功，也不只是在感谢中国军队当日解救他们出险的恩德，而是他们被中国军队舍己为人的精神所感动了，对于这种诚挚的友情协助，他们当会终身感念不忘的。

由于仁安羌援救英军卓越的战功，孙立人将军荣获英"帝国司令"勋章（C. B. E. ）和美国的"丰功"勋章（Le－gion of Merits），中国授予他四等云麾勋章一枚。113 团刘放吾获六等云麾勋章一枚，副师长、参谋长均记大功一次。4 月 20 日也因此被定为"克复仁安羌解救英军日"。

偷袭腊戌日军剑指惠通桥

中国远征军入缅之初，由第六军担任景栋至孟畔之间地区的守备。当第五军在东吁附近与日军展开激战时，为掩护左翼侧的安全，遂将第六军暂编第 55 师 1 团推进至东吁以东的莫契、垒固地区。东吁失陷后，由该地经莫契、垒固、东枝（又译棠吉）、雷列姆至腊戌之间的公路受到威胁。

4 月 1 日，日军第十五集团军令第 56 师团逐次到达垒固附近，并准备突进腊戌方面。鉴于上述情况，中国远征军长官部除了令该地守军暂编第 55 师 1 团严密防范、积极备战外，还将调赴塔泽的暂编第 55 师主力调回垒固，同时调守备景栋地区的第 93 师一个团，准备西移东枝，部署纵深防御。

4 月 6 日，日军先遣部队向莫契进攻，中国远征军部队在进行顽强阻击后，逐步退守克马俾附近。8 日，中国远征军第六军决心乘日军兵力分散之际，将其各个击破，以掩护远征军主力在彬文那会战左翼的安全，遂命令暂编第 55 师 2 团推进至垒固，3 团留塔泽、东枝构筑工事，同时电令第 93 师 279 团迅速开至东枝以东的和榜。4 月 9 日起，日军增加兵力向暂编第 55 师克马俾阵地展开攻击，守军顽强抗击，直至防御阵地全部被毁，始于 11 日退守吐昌河以北地区，12 日退守保拉克及其以西一线。12 日，中国远征军第六军为加强垒固防御，令驻塔泽的暂编第 55 师 3 团主力、军直属工兵营驰援垒固。
15 日，日军逼近吐昌河阵地，并由东西两翼向守军阵地攻击。
暂编第 55 师向日军反击，在保拉克一线阵地与日军争夺数日，
给日军以一定的打击和消耗，但终因寡不敌众，被迫后撤。日
军以坦克、汽车组成快速部队，向垒固方面突进。守军未能以
有效手段阻敌前进，致使垒固阵地被突破，暂编第 55 师后方
补给线被切断，并与军部失去联络。20 日，第六军军长甘丽
初见局势难以挽回，命令部队破坏垒固至和榜一线的公路，并
率第六军司令部和军直属部队北撤至和榜，垒固遂陷。日军第
56 师团占领垒固后，分兵两路向北挺进：一路由和榜以西指
向东枝，一路由和榜以东指向雷列姆。

为应对危局，中国远征军长官部于 21 日令第六军军长甘
丽初率一部在雷列姆附近构筑防御工事，另由该军参谋长林森
木指挥退守和榜附近的部队阻击攻击之敌；并令第五军军长杜
聿明率领第 200 师及军直属部队，立即由敏铁拉乘汽车向东枝
前进，攻击向东枝进犯的日军。21 日，日军先头部队即进至
和榜，守军与敌激战至 22 日，阵地被摧毁，伤亡甚重，被迫
乘夜转移至后方孟旁既设阵地。24 日，孟旁阵地遭日军猛烈
攻击，日军后续兵力亦大量到达参加战斗，守军虽奋勇抵抗，
阵地终被分别突破。守军被迫向孟昆突围，雷列姆失陷。

在东枝方面，当第五军先头骑兵团于 23 日抵达东枝西侧
时，日军已攻占东枝。史迪威、罗卓英、杜聿明立即决定，主
力在骑兵团的掩护下由正面和两翼同时向敌展开攻击，以迅速
击破该敌，收复东枝。据此，24 日拂晓，第 200 师展开攻击，
战至 25 日，将日军击溃，收复东枝。此时，第五军司令部决
定集结兵力继续巩固东枝，向雷列姆攻击前进，以切断北犯腊
戌之敌的后路。在此关键时刻，史迪威、罗卓英命令，除留第

200 师向雷列姆继续发起攻击外，第五军直属部队和正在向东枝集结的新编第22师和第96师均折向曼德勒，准备曼德勒会战。是夜，杜聿明遵令率部西移。26日，东枝再度失陷。第六军被迫于24日放弃雷列姆后，向后撤退，26日，甘丽初率司令部人员及收容残部，到达孟杉附近，各部队继续向萨尔温江左（东）岸转移。日军第56师团占领雷列姆后，乘第六军后方兵力空虚，继续分两路北犯，一路经丙隆北进，迅速夺取了莱卡，向西保逼近，一路经南桑东进，于25日挺进至孟囊，并迅速向腊戍迂回。两路日军对腊戍形成钳形攻势。为此，蒋介石急忙从重庆电示："新编第28师主力可速运腊戍和雷列姆方面，当先以保守腊戍为主，并尽可能求该方面之敌而击灭之。"① 然而远征军长官部未能清醒地权衡整个缅甸的战局，执意要在曼德勒会战，未调有力部队增援腊戍，致使守卫中国远征军入缅作战的后方战略基地腊戍仅有新28师四个步兵营。

4月24日，蒋介石就缅甸战局电示远征军："腊戍应有紧急处置，万一腊戍不守，则第五军、第六十六军应以密支那、八莫为后方。"② 但远征军长官部仍执意坚持在曼德勒会战。28日，蒋又电令："如可能应抽调瓦城（曼德勒）有力部队增援腊戍，先击破其袭腊一侧背，则以后该易为力。如此瓦城不守亦可。盖此时保腊戍为第一，而瓦城之得失无甚关系也。"而驻在腊戍的参谋团已经匆忙撤离，五天跑了1000余公里，退到滇西保山，未能及时收到并向部队传达此电。

4月28日，日军攻陷西保，第六十六军新28师四个营、

① 秦孝仪：《中华民国重要史料初编——对日抗战时期》第2编，《作战经过》(3)，中央文物供应社1981年版，第299页。
② 《林蔚报告书》。

新29师两个营仓促布防，被敌击溃，日军攻抵腊戍城下。29日，日军在10余架飞机、30余辆坦克的配合下，向腊戍发起攻击，缅北重镇腊戍终于陷落，囤积在该地的大批战略物资也落入敌手。

中路日军自4月18日从彬文那向曼德勒进攻。第五军第96师利用原准备彬文那会战的阵地进行了八天阻击战。然而，曼德勒地区的英军却以中国远征军的英勇作战为掩护，于26日向印度英帕尔撤退，一路上丢弃装备，包括全部坦克。此时，远征军长官司令部也因以第五军主力驰援东枝，未能实现在彬文那地区歼敌一部的计划，在形势已不利的情况下，又于27日正式下达了进行曼德勒会战的命令。而此时远征军的实际情况是，在西线，英缅军正向印度退却，新38师正担负掩护英缅军撤退的任务，第96师在中途阻击日军，战况已十分艰难，第200师正向雷列姆进击，第六十六军新28师、新29师在腊戍及滇缅公路布防，兵力十分分散，难以形成决战的态

▲1942年，史迪威将军及其随从，放弃车辆，步行向印度撤退。

势。28 日，日军第 55 师团向皎克西推进，威逼曼德勒。同时，日军第 56 师团攻占腊戍后，立即派遣一支快速部队包抄曼德勒。在此情况下，史迪威和罗卓英急忙下令放弃曼德勒会战，各部队先后西渡伊洛瓦底江，沿曼德勒至密支那铁路线向密支那方面转进。5 月 1 日，曼德勒失陷。

4 月 30 日，日军第 56 师由腊戍向中国滇西进犯，驻守滇缅公路沿线的第六十六军新 28 师、新 29 师未能有效阻止日军的进攻，致使日军在 5 月初接连侵占滇西边境城镇畹町、芒市、龙陵等地，并推进至怒江惠通桥西侧。守桥部队匆忙炸桥，敌主力未能过桥，但隔在桥西的大批车辆、物资落入敌手。中国第十一集团军总司令宋希濂奉命从滇西和昆明急调部队前往怒江前线阻击日军，在惠通桥一带与日军激战三天，将渡过怒江的日军数百人歼灭，依托怒江天险挡住日军，自此形

▲惠通桥

成持续两年的隔江对峙。同时，日军第 56 师团主力一部又于 5 日攻占八莫，8 日攻占密支那，将原计划沿曼德勒——密支那大道北撤，然后取道八莫撤回滇西的中国远征军主力的回国退路完全切断。

摆脱困境远征军分路突围

4月30日，史迪威、罗卓英率长官部由瑞波转移至甘巴罗，旋又转至英多，5月5日晚，继续转移至班卯克，徒步西行，于7日到达苗西。史迪威率中美少数人员徒步西行，于24日到达印度的丁苏基。罗卓英则率长官部人员断后，收容散兵，继续西行，于23日抵达印度英帕尔。

在远征军长官部西行前，史迪威、罗卓英鉴于畹町、八莫失陷，遂决定全军向印度境内撤退，并电告杜聿明，要求第五军（含新38师）也随之撤往印度。但杜聿明于6日电复罗卓英，希望率部返回国内，不愿入印，同时又发电请示蒋介石。7日，蒋则不顾情况的变化仍电示："我军应即向密支那、片马转移，勿再犹豫停顿。"[1] 杜聿明于是决定率部经密支那向片马、腾冲方面撤退。9日，第五军在向密支那方向撤退时，在杰沙地区与日军第56师团追击部队遭遇，同时获悉八莫、密支那均已失陷，遂决心迅速脱离敌人，由曼密铁路以西地区，向孟关、大洛之线转进。12日，第五军各部抵达曼西，13日开始徒步向北转进，取道孟关、大洛、葡萄之线返国。5月至7月，第五军各部均在撤退途中。

---

[1] 蒋纬国：《抗日御侮》第8卷，黎明文化事业股份有限公司1978年版，第228页。

▲1942 年 4 月底，日军占领腊戍，截断了远征军回国的唯一退路。远征军陷入绝境，主力被迫穿越荒无人烟的山区撤回云南，其余部分退往印度。图为远征军一部翻山越岭，向印度撤退。

28 日，新 38 师全部渡过伊洛瓦底江，占领东北岸的色格（Sagaing）附近地区，作持久防御计划，以掩护友军和盟军撤退。当时我军得到情报，知道东路日军已突入西保（Hsipaw），进攻腊戍，有夹击我军的企图。

30 日，日机 36 架，轰炸色格我军阵地。5 月 2 日北撤盟军都已渡过伊洛瓦底江，最后一部第 96 师的迫击炮连和机枪连的收容队在渡江过程中被窜到色格对岸的日军便衣队袭击。接着日军先头部队也跟踪追到南岸，和新 38 师掩护部队展开激烈大战，结果被我军全部消灭，盟军和远征军全部安然渡过大江。新 38 师掩护撤退第一个阶段的任务圆满完成后，以主力转移到温早（Wantho）继续掩护远征军撤退，同时，又派出 113 团星夜驰赴卡萨（Katha）占领阵地，对八莫严密警戒，掩护远征军的右侧。

10 日，新 38 师的主力到达米咱（Meza），得到八莫、密支那都已被日军占领的消息，判明日军对我双重钳形攻势已经完成，同时又得到 113 团正在卡萨苦战和 112 团在温早被围的报告。孙立人将军面对这种严重局势，认为不出奇制胜，便会遭受到不可想象的结局。他下决心转回温早，先解救 112 团，打击尾追的日军，以挫败其追势，然后再作打算。这种返身再战的战法，完全出敌意外，在温早包围 112 团的日军，竟不知此支援兵从何而来，顿觉惊惶失措。我军内外夹攻，杀声震天，一日一夜，毙敌 800 余人，残敌死命逃窜，112 团安全突围。

13 日拂晓，日军又集结大部兵力向我军左翼猛攻，把温早通八莫、腊成的交通线完全截断。这时远征军已向北方转移很远，新 38 师孤军落后，给养弹药缺乏，雨季又即将到来，孙立人将军因为所负掩护撤退的任务已经完成，便决定从温早折向西北行进。当时日军的空军虽然十分活跃，但被我军声东击西的战法所迷惑，不知道我军究竟退往何处，新 38 师乃得在深山森林的荫蔽中安然转移。由于近一周的接敌战备行军或急行军，官兵均因过度疲劳而普遍在行进中打瞌睡。全师官兵在极度疲乏中回到了温早。官兵都很饥饿，炊事兵抢时间煮好了麦粉疙瘩，大家正在进食时，日机突来空袭一阵。不久，温早正南方公路上已发现日军步（兵）战（车）协同部队正向温早而来。9 时整，主力西撤路线已决定，并已依序展开行动。李鸿团长此时命令 6 连及重机枪排担任主力后卫之责，限即刻出发进入温早最南端之三叉公路口进入阵地，阻止并钳制日军行动。中午 12 时 30 分，发现日军战车十余辆，向我军阵地而来。

由于其后随之步兵尚未到达，日军为试探我军虚实，派先遣战车一辆作试探性过桥行动。我军已事先在桥上埋有集束手榴弹数十枚，战车上桥后，即被炸断了履带而无法进退。约半小时后，日军另派出一辆战车到桥上拖回被炸战车。这时，日军唯恐我军出击，故令其他十余辆战车上之机枪齐发，压制我军。此时我军枪弹有限，单拿重机枪来说，枪弹均自捷克购进，出国远征时，每枪只配发了六个基数，今天遇上了敌军战车，命令每枪不可将弹带打完，否则后面便无戏可唱了！即使这样，依然使敌人战车不敢再越雷池一步，迟滞了三个多小时。

夕阳西下，掩护任务完成，机枪连上山西撤。是役我机枪连阵亡了一位最勇敢的特优射手吴义宜。他是被日军战车机枪射中头部而亡，牺牲前他击中了日军战车指挥人员两名。机枪连登山脱离日军后，经过一天一夜的行程，于 5 月 14 日下午追上了主力部队。

新 38 师主力在温早脱离战场之后，即向西北山地日夜兼程。16 日到达刊帝（Kaget），走入两边都是悬崖峭壁的山谷当中，四面没有路径，必须从峭壁所夹成的拉马河（Lama R.）中涉水行走。幸喜是旱季，水不太深，浅的地方不过膝，深处也只到腹部。当时官兵实在疲惫不堪，打起精神在河里走了一日一夜，上岸时，许多人腿脚被泡得肿胀起来，大家还笑嘻嘻地互相庆贺。

18 日下午，部队行进到清得温江左岸的旁滨（Paung by-in）。日军的浅水炮舰和汽艇正在溯江上驶，旁滨已经满布了敌探和便衣队。前临大水，后有追兵，官兵们都捏了一把大汗。孙立人将军知道当时的旁滨已经是日军第五纵队出没的区域，察言观色，便可以看出有许多老百姓都已被日军利用，态度上处处有甘心为虎作伥的表露，于是决定马上渡江，一面下令准备竹排木筏，一面亲自和当地县长委蛇，虚张声势，故作布防模样，以迟缓日军的追击，震慑敌便衣队，部队以最迅速的行动，趁着黑夜全部渡过大江。我军过河后还不到一刻钟，对岸便枪声大作，刚才的老百姓都一律换上白衣跟日军的便衣队混合起来，向我掩护渡河的部队袭击，幸而我军事先已有周密的戒备，部队渡河迅速，不然全师将混乱不堪。第二日日军追兵主力赶到旁滨，又和我掩护渡河部队发生激战。一直到21日下午，我军才把追敌击退，打死了200多日军，救出被俘的友军和英军官兵30余人。这时适逢天降大雨，掩护部队便借着雨雾的掩护，安然渡江，赶上新38师的主力。27日，新38师，除113团因在卡萨战斗时失去联络外，其余全部都到达印度英法尔东南18英里的普拉村，集结待命。

从旁滨到英法尔，一路上由缅甸逃出的印度难民和华侨成千累万，络绎于途。因为气候干燥炎热，他们大都狼狈不堪，远征军官兵把自己水壶里剩下极有限的水，倒给病人喝，分出背袋里的粮食给难民吃。难民群里有一个孕妇因为病得太苦，自己不想活，好几次跳入水塘里，官兵们都把她救了起来。有一个70多岁的老太婆病得不能动，官兵们轮流把她抬到印度。孙立人将军还把以前担任曼德勒卫戍司令时远征军下发犒赏士兵的余款3000卢比（印度及缅甸币名），拨作救济沿途难民之用。

新38师13日摆脱日军后向曼西转进，18日抵达曼西。孙立人根据实际情况，决定脱离第五军，使新38师未受重大损失，保持完整的建制，安全抵达印度英帕尔。

杜聿明率军部直属部队及新 22 师，冒雨徒步在森林中艰难地向胡康河谷的大洛和新背洋退却。行军途中，山洪暴发，暴雨连日，部队粮尽药绝，在新背洋附近，绝粮八日，草根皆已挖尽。官兵饥、病交加，死亡累累，仅新 22 师就因饥、病死亡 2000 余人。5 月 31 日，第五军军部直属部队及新 22 师奉命改道入印度，在美空军空投粮药的支持下，至 7 月 25 日才抵达印度利多。

第 96 师和第五军炮兵、工兵各一部，奉命经孟拱、孟关、葡萄返回滇西。部队于 6 月 14 日到达葡萄，转进至山高路险、毒蛇、蚊蚋遍地的野人山区，粮药断绝，死亡惨重。副师长胡义宾在全师后卫行进，途中遭日军埋伏，在督战时阵亡。余部历经千辛万苦，翻过高黎贡山，于 8 月 17 日陆续抵达滇西剑川。

▲走进野人山的远征军

第 200 师自 4 月下旬东枝地区战斗后，奉命向北转进，沿八莫、南坎间撤退。5 月 10 日，与第五军补训处、第六十六军新 28 师等余部汇合。5 月 18 日，在穿越西保、摩谷公路的封锁线时，遭日军伏击，师长戴安澜在率部奋战中身负重伤。26日晚，在缅北茅邦村，戴安澜因伤重殉国。第 200 师官兵由师步兵指挥官郑庭笈率领，抬着戴安澜的遗体向云南继续前进，于 6 月 17 日抵达腾冲附近，29 日，转到云龙，全师所剩官兵仅 2600 余人。

同年 7 月 20 日，美国总统授予戴安澜将军军团功勋章，以表彰他在缅甸战役中的显著战绩和为中国陆军建树的卓越声誉。10 月 16 日，国民政府追赠戴安澜为陆军中将。

第六十六军（欠新 38 师）自 4 月下旬担负西保至曼德勒及腊戍的阻敌任务。腊戍失守后，该军主力沿滇缅公路逐次在维新、贵街、畹町、芒市等地拒止日军，并向龙陵、惠通桥方向撤退。在国内部队接应下，辗转至永平。

退至昆欣、塔科、昆孟一带的第六军于 4 月 30 日获悉腊戍失守，遂向景栋附近的缅、泰、老边境转移。5 月 8 日，第六军第 49 师撤至大高，暂编第 55 师先头部队抵达孟色特，沿缅泰边境部署。随后，第 49 师撤至南峤，暂编第 55 师及刘观龙支队撤至车里，军部撤至佛海，第 93 师担任后卫，最后撤至大洛。

远征军各部队撤退所经之地，都是高山密林，时值雨季，泥泞难行，加之给养不足，部队饥疲交困，疫病流行，撤退途中伤亡甚重。远征军入缅总兵力约 10 万人，到 8 月初先后撤到印度和滇西的仅有 4 万人。

退入印度远征军变驻印军

新38师到达印度的消息传到英国东方警备军军团长艾尔文将军的司令部，艾尔文将军大为惊异。他眼见由缅甸退回印度的英军三五成群，衣衫褴褛，装械俱失，狼狈不堪，以为新38师担任掩护撤退的任务，孤军殿后，经过艰辛的苦斗和长途跋涉，一定比英军更加狼狈，甚或竟已成了无纪律的溃军。的确，新38师遭遇的艰苦，恐怕还不是艾尔文将军所能想象得到的。从仁安羌之役起，一直到转进到印度，这一个月中，新38师无日无夜不在紧张危险的局势中，苦撑恶斗。尤其是从刊帝到旁滨的一段，自古即为印缅隔绝地带，无路可通，官兵都从河里涉水行走，不但忍饥挨饿，并且还不能有片刻睡眠的时间。但这一切的艰辛并没有消磨官兵们的精神，他们明白这是中国军队第一次到印度，他们被"军队代表国家权威"的观念鼓励着，所以身体虽然已经疲惫不堪，但却格外精神焕发。随身装备，除一部分衣裤和鞋袜因为辗转作战的关系稍嫌破旧外，其他军服军帽武器都是整洁齐全，军容壮肃，纪律森严，这大大出乎艾尔文将军意料之外。

艾尔文将军猜想转入印度的中国军队已经成为没有纪律的溃军，恐怕扰乱地方秩序，发了一个特急的电报到德里（Delha），给印度英军总司令魏菲尔上将，准备把中国军队缴械。

恰巧缅甸军总司令亚力山大将军在德里，极力反对，他主张不但不能缴械，并且还应该用客礼招待。他向魏菲尔将军详细说明了新38师在仁安羌解救英军和后来掩护英军撤退的功劳。英第一军团长史林姆将军当时正在英法尔养病，听到艾尔文将军有缴除中国远征军武装的意思，也马上抱病前往阻止。他告诉艾尔文将军说，新38师对英国军队帮助太大，于情于理，应该加以协助才对，决不可以无理相待；况且该师具有坚强的战斗力，不但英军不能顺利将其缴械，恐怕还要引起不幸的后果。他还请艾尔文将军先亲自去视察一番，便可明白究竟。当时孙立人将军也因为初到印度，不知道英方的态度怎样，所以一方面把部队屯扎在山上，严密戒备，一方面派人同英方交涉。后来艾尔文将军果然亲来拜访孙立人将军，孙立人将军特别列队相迎。艾尔文将军见到我军军容严肃，和零星从缅甸退回的英军相形之下有天壤之别，带着惊异和赞叹的表情表示，要他的部下多多跟中国军队学习。从此以后，英印军民都对中国军队表示敬慕和爱戴，这是中国军队初次在印度宣扬国威的光荣史迹。罗斯福总统在颁受孙立人将军丰功勋章的颂词中说："中国孙立人中将于1942年缅甸战役，在艰辛环境中，建立辉煌战绩。仁安羌一役，孙将军以卓越之指挥，击灭强敌，解救英军第一师之围，免被歼灭。后复掩护盟军转进，于千苦万难中，从容殿后，转战经月，至印后，犹复军容整肃，不减锐气，尤为难能可贵。其智勇兼备将略超人之处，实足为盟军楷模。"从这一段话里，更可以看出新38师在第一次缅战中的成就和入印后的声誉了。

由于新38师入印后声名鹊起，引起盟邦人士的注意。6月14日，联合国在印度首府德里举行联合国日阅兵典礼，中国军队便被邀请参加，由新38师派出步兵一排，随护远征军第

▲ 在印度的中国远征军部队

一路司令长官罗卓英将军出席。那一天，中国国旗和英、美、苏各国国旗，同时高高升起在异国首府的天空，中国官兵的军威军纪为联合国国家军民刮目相看。在举行分列式后，阅兵官讲评，认为当天参加检阅的十一个国家的军队当中，以中国代表队步伐最整齐，精神最饱满，军容最壮盛，应当荣列第一。当晚，印度总督便在总督府里举行盛大宴会，特别宴请中国官兵，席间总督对中国军队的精神状态倍加赞扬！第二天，印度各报一致认为中国军队初到印度，是一个久战的疲师，并没有经过盟国的任何补充，在受检阅的十一个国家当中，竟能压倒一切独露锋芒，实在是无上的光荣。当时德里气候酷热，士兵多因为中暑而鼻腔流血，但他们依然能保持着旺盛的精神，为国家争取荣誉。这一排士兵由德里回来，经过加尔各答时，加城侨胞举行盛大游行，狂热欢迎这批光荣的英雄。在过去，华侨在街头行走时不准结集到 10 人以上，但是这一次却例外得到当局特别准许，集合了 6000 多人的大行列，整队游行，英国人还自动来参加领导游行路线。这是英人优待华侨的新纪元，更让人深深地感到军队代表的是国家权威和强国人民自由幸福的可贵。

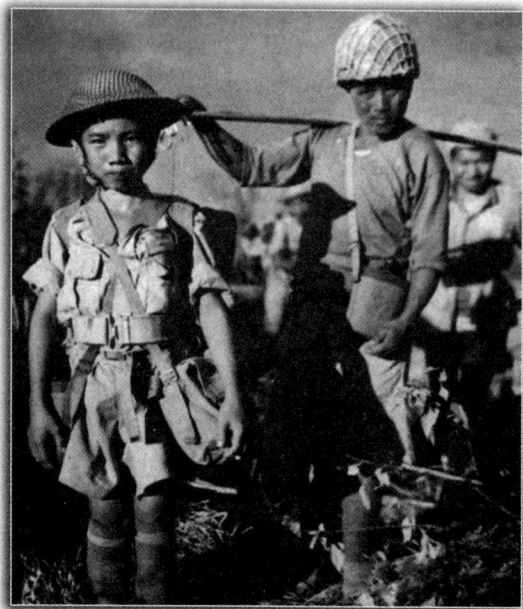

▲中国远征军小战士

6 月 20 日，新 38 师由英法尔出发，赴印度西北阿萨密省（Assam）的马黑里达休整，7 月 15 日开往比哈尔省（Bihar）的蓝姆伽（Ramgarh），进入整训时期。

因日军已深入云南，原来取道回国的新 22 师，也转向印度，在蛮荒的野人山中辗转三个月，饥、劳、病、苦，饱受艰辛，于 8 月 4 日经新平洋、哈巴采、仰龙、旁提，到达列多，旋亦集中于蓝姆伽。第一次缅战，至此告以结束，入缅远征军改成了驻印军。

重整旗鼓中美英三方备战

第一次缅甸战役后，中国战区参谋长史迪威、中国远征军司令长官罗卓英率少数人员退到印度。新38师（师长孙立人）奉命掩护英军撤退，并由缅甸提定以北向印度撤退，于5月底到达印度英帕尔。副司令长官兼第五军军长杜聿明率军部直属部队和新22师（师长廖耀湘）由缅甸大洛、新背洋向印度撤退，于8月初到达印度迪布鲁加尔。

1942年4月中旬缅甸战役急剧逆转之际，史迪威令助手格鲁伯准将赴重庆向蒋介石呈送《在印度组织训练中国军队计划书》，提出经缅甸通往中国的陆空运输线很可能被日军切断，武器装备难以运送到中国，建议精选中国官兵10万人，到印度去训练，拨用中国所得租借物资中的装备，由美国军官训练，组成两个军，每军三个师，另加一个师及伞兵六个营为后备，并另训练若干炮兵部队和坦克部队。

1942年6月3日，史迪威自印度飞返重庆，4日，晋谒蒋介石，再次提出在印度训练中国军队的计划。蒋介石原拟令转入印度的中国官兵在印度休息几个月后，从西藏返回国内，在听取了史迪威的计划后，批准了他的计划。随后，蒋介石又同意空运5万军队到印度进行训练。美国方面也同意在印度训练中国军队的计划。美国陆军部作战司还建议，援助中国租借物资应取决于中国的军队整改，而中国的军事成就则是继续租借的唯一可接受的保证，从而使训练计划被提到了议事日程。

▲1942 年，印度，美国的租借物资开始抵达。

蓝姆伽训练基地可容纳 2 万人。史迪威原设想在此训练装备中国军队 10 万人，并提出在此训练中国军官，作为回国教练三十个师之用。后经蒋介石决定，除在蓝姆伽训练基地训练中国军官外，中国驻印部队亦留此训练补充，并由租借器械内配给装备。并规定，中国驻印部队的整训、管理、纪律方面，由中国军官负责；装备、教练方面，由美国军官负责；卫生、伙食、营养、医药、运输等方面由英印军官负责，限 1943 年 2 月完成之。教练营以史迪威任长官，罗卓英为副长官，波特诺为教育长。8 月，国民政府军事委员会下令撤销"中国远征军第一路司令长官司令部"，成立"中国驻印军总指挥部"，任命史迪威为总指挥，罗卓英为副总指挥，波特诺为参谋长，温剑鸣为副参谋长。

8月4日，史迪威飞抵蓝姆伽，主持蓝姆伽训练。中国驻印部队已先后入营。26日，蓝姆伽训练营正式开始工作。自9月以后，每月利用货运飞机返程时由昆明空运中国士兵到印度，使中国驻印军不断得到补充和加强。蓝姆伽训练营以训练步兵和炮兵为主，学习使用美械装备和若干专门的训练科目。随后为了适应缅北丛林作战的需要，又进行了丛林沼泽地区作战的训练。

蓝姆伽是比尔哈省的一个小镇，普通地图上很难找到这个地名。这一带并不富庶，但风景却很秀美，有青碧的远山和曲折的小河，窗前大榕树把热带的阳光染得绿茵茵的，减少了瞳孔所感受到的刺激。中国驻印军选定了这里作为军区，便开始埋头训练起来。

▲在印度整训

军区面积大约有二十几平方英里，纵横都有良好的沥青石子公路连系着交通，营房除利用英人原有的建筑外，又在四周搭起一列一列的草黄色帐幕，操场不够大，中国官兵在附近地区砍去了很多丛密的树草，建筑成几个范围广大的训练场和靶场。

这里的训练十分紧张，训练科目也十分繁杂。学术科之外，还有特殊的技术训练，如爬山、爬吊杆、武装游泳渡河等，一切都是为在森林中战斗做准备。因为语言不通，政治部曾经办过好几班的外国语会话训练班，分成英缅印文各组，但都因为是速成的关系，没有收到很好的效果。不过日子久了，受训的人们也会用一两句洋泾浜式的外国话，连带着手势，去和小镇上黑皮肤的老板们交谈。

这里去加尔各答很方便，坐火车一夜可到，只是由于紧张的训练，很少人得到这个开洋荤的机会，当采买的官兵往往把汽车开到附近的蓝溪（Ranchi）或者哈沙里巴（Hazaribagn）两个比较大的市镇去闲散一下。

步兵训练，完全是中国军官负责；特种兵训练，则由美军协助。先后举办了炮兵、汽车、战车、通信、卫生等各种训练班，后来又办了一个战术学校，分期调集国内将校军官到这里来研究参观，以沟通中美两国对战略和战术的观点。

驻印军主力在蓝姆伽整训了将近一年的时光，有许多值得大书特书的事情：

英皇授勋盛况。1月2日是印度的一个隆重节日，叫作达尔巴（Darbar）日，照例是英国政府颁授勋奖的日子。1943年的达尔巴日，孙立人将军受比哈尔省督邀请，去往蓝溪接受英皇颁授的 C-B-E 英"帝国司令"勋章。本来这枚勋章是英皇特派魏菲尔将军代表在印度新德里颁授，因为孙立人将军练兵正忙，没有空闲时间，所以改派比哈尔省督代表英皇在孙立人将军驻地附近举行，举行授勋典礼地点是在蓝溪的柔拉学校达尔巴厅堂，中英美高级将领都应邀参加了这个盛典。典礼是上午10时开始，厅堂门外，有几十个穿红衣戴红帽的印度人守卫，来宾进门之后，有一个印度人用盘子托着银杯，大家都将手指去蘸杯里盛着的香水，于是，每一个人都得到一包包着香料的树叶在嘴里咀嚼。主席台上悬挂着英皇大像一幅，并有套着猩红垫褥的古老椅子，褥上绣着繁复的金色、绿色、蓝色各种花纹，省督的黄色大礼服也在袖上肩上和胸前佩饰着许多章纹。典礼开始，军事秘书向省督致词引见，用和蔼而恭敬的语调唱出"孙立人将军"，孙将军即起立前进到距台一步的地方，和省督相向而立。"奉皇帝陛下的命令，今天本人代表陛下将 C-B-E 勋章授予孙立人将军阁下，以纪念阁下去年在缅甸首创的惊人功绩，表示对阁下这种英勇行为的崇敬。"省督一口气读完了勋章颂词，脸上浮起微笑，亲手将勋章戴在孙将军胸前，与孙将军热烈握手。接着，参加典礼的高级将领和参会人员拥上前来和孙将军握手道贺。下午1时省督在省府代表英皇宴请孙将军，宾主尽欢而散。中国指挥官以战功赢取外国的司令勋章，这是头一次。

何应钦视察驻印军。参谋总长何应钦将军曾于1943年2月间应魏菲尔将军的邀请飞往印度，在蓝姆伽视察驻印军，和官兵代表聚餐，考查士兵实际生活情形。在视察新38师战斗射击时，何应钦对于112团的一等兵王敬大为赞赏。王敬是一个轻机关枪射手，当他正在向假想的敌军阵地瞄准射击掩护步兵攻击时，何应钦蹲在他的背后，眼看着步兵已经接近对面高地目标还不到十步的距离，王敬的机关枪依然在哒哒地狂叫，子弹从步兵的头上擦顶飞过，落在目标上扬起阵阵的灰尘。何总长怕打伤了攻击前进的步兵，立刻命令王敬停止发射，王敬似乎没有听到似的，依然继续射击，一直等到他看见步兵投出的手榴弹在目的物上爆炸时，他那挺机关枪咯咯的声音才戛然而止。他这才不慌不忙站起身来毕恭毕敬地向何总长敬了一个礼。何总长很高兴地说他表现很好，和他握手，并且说回到重庆去一定颁发一个奖章给他。两个月后，王敬胸前果然挂起一个光荣的奖牌。

先后到蓝姆伽视察或是中途路过的，除何应钦之外，还有宋子文院长、毛邦初将军以及许多其他高级将领。

▲孙立人陪同行政院长宋子文视察蓝姆伽驻印军

新一军的成立。1943 年 3 月中旬，驻印军副总指挥罗卓英将军调任国内要职，驻印军简化合并成为新一军，直接归总指挥史迪威将军指挥，以郑洞国将军任军长，孙立人将军任副军长兼新 38 师师长。新 22 师师长仍为廖耀湘将军，另任胡素将军为在印度成立的新 30 师师长。统帅部又陆续从国内调去士兵，在印度新成立了几个炮兵团、工兵团、汽车兵团、骡马辎重兵团、独立步兵团，战车营、高射炮营、兵工营、通信营、特务营和人力运输部队等，使驻印军的力量日益强大起来。

旗开得胜野人山保障筑路

至 1943 年，滇缅公路已经封锁了一年，中国亟须打通一条国际交通路线，以取得盟国物资援助和加强抗战力量。统帅部决定先行反攻缅甸，修筑一条由印度直达昆明的中印公路，以满足当时的迫切需要。

1943 年春天，驻印军的补充训练大致完成，反攻缅甸、打通中印公路时机紧迫，不容延缓，孙立人将军负起前敌司令官的任务，统率新 38 师为反攻先锋。部队经过一个多月的车船运输，从比哈尔省的蓝姆伽又重新回到阿萨密省极北的列多（Ledo），担任消灭盘踞在野人山胡康河谷的日军、掩护修筑中印公路的重要任务。

从列多到胡康河谷，中间横亘着一座纵深 400 多里的野人山，高度平均在海拔 2600 米以上。这一带除了 1931 年有十几万印缅难民和 1942 年一部分远征军从缅甸撤退入印迷路走进这个山中以外，从来没有人知道这个山中究竟是什么情景。由列多南行 50 里，便到了历史上有名的鬼门关。人们只能从山脚下仰首翘望山岭上那一片阴森森黑压压的密叶丛林，没有哪一个敢大胆越过鬼门关，爬到对面的山头上去看看。无怪乎当远征军部队刚从蓝姆伽回到列多，就有一位英国少校说："你们的部队想从野人山打出去，还要掩护中国和美国的工兵修筑一条中印公路来吗？我看不要说这条公路没有法子修得成，恐怕连你们部队也没法子爬过这座野人山啊！"

孙克刚在《缅甸荡寇志》中写道："我们第一次跟随着部队，依仗着机关枪迫击炮以及火焰喷射器的威力，大胆地走过鬼门关钻进这块丛莽的时候，确信这是一个鬼地方。日光被层层叠叠的密林遮蔽得一丝透不进来，感觉到的只是天昏地暗，虎啸猿啼！四围活动的生物是在蔓长的杂草里爬行着的悉悉作声的大蟒和从脚踝上爬上来从树叶上落下来的吸血蚂蟥，地下泥深没膝，没有路，只有累累白骨可作我们的指路牌。这些白骨，便是1931年印缅难民撤退时饥病而死的遗骸！此情此景，使人感觉到本身的渺小和生命的飘忽！真是'前面没有路，人类不相通'，令人毛骨悚然、望而却步的绝域啊！"

▲在地形险恶的云南西部和缅北山区，中国工人和美国工程师克服重重困难建设道路。

"我能往，寇亦能往。"这句古话确有它的真理。盘踞在胡康河谷的日军第18师团，早已在我军进攻之先，就派出许多小部队，扼守着这中间的几个重要山头，并袭击防守在印度边境卡拉卡（Hkalak）、塔家铺（Tagap Ga）一带的英军。当新38师114团开到列多的时候，英军正节节后退。114团的健儿奋力解围，一连夺回了几个山头。日军知道碰到了劲敌，连夜增援纠集1000多人，分成两股反扑。打了一个多月，日军连病带伤死了一半，才不敢再作攻击的企图，只好改成小股窜扰。这里山高路险，联络和救护都不容易解决，补给虽有飞机空投，但是森林里云多雾重，空中活动常受限制，粮弹因而时时感到缺乏。后来雨季到了，疟蚊又带来了疟疾的病害。114团的官兵疲劳过甚，又调112团来接替野人山的防务，因此更迟缓我军的行动。从3月到10月，新38师的健儿，在这种极端恶劣的环境中，过了八个多月的黑暗和泥沼中的生活，抵抗疟蚊、蚂蟥和日军的袭击，排除一切困难，连砍（树）带杀，打出了一条路基，赶走盘踞山中的日军，掩护后面的工兵和开山机械来进行筑路的艰巨工作。

人定胜天。中国军人终于在1943年的初冬季节通过了一般人认为几乎是不可能通过的野人山。10月29日，新38师占领胡康河谷的前进基地——新平洋。

缅北反攻驻印军锐不可当

胡康河谷位于缅甸最北部，与中国、印度接壤。它既是中印公路的首端，又是印度通往密支那的必经之地，具有重要的战略地位，是大洛盆地和新平洋盆地的总称，又叫胡康盆地。大洛盆地的面积有 120 平方英里，新平洋盆地的面积有 960 平方英里，都是一片原始森林，山高林密，中间纵横着大龙（Tarun Hka）、大奈（Tanai Hka）、大宛（Tawang Hka）、大比（Tabyi Hka）四大河流和许多小支流，旱季河水很浅，可以徒涉而过，一到雨季，山洪暴涨，成为一片汪洋，简直是块绝地。大龙河以北，有人行小路，太柏家（Taipa Ga）以南，道路宽阔，可以通行汽车，只是密林中又夹生着茂草，交通阻塞，从用兵方面来说，无论是搜索、观测、通信、联络、救护、方向判别和诸兵种协同，在此都很困难。在飞机上俯瞰这一地区，只见一片林海，极目凝视，也只能约略辨出几条河流来，其他的就无法侦察，更无法去轰炸了。日军便利用这些河川之险和密林茂草，建筑起许多地下的防御工事和树上的作战碉堡。

据守这一带河谷的日军是著名的第 18 师团，它的前身是久留米师团。七七事变开始，它就开来中国，首先在杭州湾登陆，在京沪一带无恶不作；1938 年，它又在大鹏湾登陆，侵占广州；1939 年 11 月，进攻广西，侵占南宁；1940 年调往越南接受特殊的森林战术训练，参加南洋各岛及马来亚和缅甸各地的战斗；1942 年，打东枝，破腊戌，攻到惠通桥。这日本陆军中最精锐的部队，拥有所谓"战无不胜、攻无不克"长胜军的盛名。

1943 年 10 月 29 日，新 38 师 112 团攻占了新平洋和大洛西北的战略要点瓦南关以后，主要的战斗即进展到大龙河与大奈河的交汇点和它以北的于邦（Yupong Ga）、临滨（Ningbyen）、沙劳（Sharan Ga）以及大洛以北的拉家苏（Ngajatzup）。10 月 30 日、31 日，11 月 2 日、5 日、10 日我军先后占领了这些地方，战斗都是短兵相接的恶斗。喊杀声和枪炮声，在这样一个四面高山的盆地里传不出去，只是在树林里来去地回响着。从 11 月 1 日起，日军由加迈（Kamang）运来大批援兵，携带着山炮，分头向我军阵地反扑。拉家苏方面战事拖延到 12 月底，日军山下大尉以下 400 多人，被我军击毙，我军 112 团 3 营营长陈耐寒、连长赵振华等也都在激战中阵亡。临滨方面，日军用一个大队以上的兵力，向我守军刘益福连进行了两次大规模历时七昼夜的围攻，叶先贵、余元亨两个重机关枪兵，利用一棵被敌人炮火劈去大半的树干作为阵地，把已经冲入鹿砦的密集日军扫射得落花流水，敌大队长田中胜、中队长原良和吉五以下 400 多人在这一场弹雨下丧失了性命。我军经过这番恶战后，终于击败日寇，阵地屹立不动。

于邦之战，从 10 月 31 日起，到 12 月 29 日我军完全攻占该地为止，差不多历时两个月。这一战，是中国军队反攻缅甸的第一个攻坚战和彻底的歼灭战。战斗开始时，由于盟方的情报不确，误认为大龙河沿岸据点每处都只有四五十个缅甸兵和土人把守，由一两个日本军官来指挥率领，而不知道日军第 18

▲1943 年 10 月以后，驻扎在印度的中国新军向缅甸北部展开反攻。
图为出发前部队作出"V"字手势，表示必胜之决心。

▲1943 年 10 月，中国驻印军联合英美盟军展开反攻作战。

师团的 55 和 56 两个联队的主力，已经带着许多山炮和重炮推
进到大龙河的两岸了。盟军指挥部既然认为敌人的兵力很少，
所以便作出暂不使中国军队增加缅北前线兵力的决定。虽然事
实上中国军队每次作战所碰到的都是地道的日本人，没有见到

一个缅甸军或土人，孙立人将军也曾三番两次请求准许将新38 师的 113 团、114 团和一部山炮兵增加上来，可是，指挥部又拿后方公路未通、飞机很少、补给困难为说辞，不能准如所请，硬让 112 团用一个步兵团的力量，在缺少迫击炮和骡马运输的劣势下，担任起 300 多里长的防线，对付日军两个联队的主力。因此，112 团时时感觉到兵力单薄和转运困难。日军又利用后方交通便利，经常用优势的火力压迫我军，更以炮兵编成纵深浓密的火网，控制狭窄的小路，使我军在地形复杂的胡康河谷中举步维艰。后方是高山万仞，公路不通，无法从地面得到补给；前方负伤官兵，也无法运输到后方去治疗。当时112 团唯一的交通运输工具，只是仰赖数量极少的飞机，而空中活动又容易受到天时的限制，落雨、刮风、起雾的日子，都不容易得到补给，因此，前线作战的部队时常被粮弹缺乏所窘迫。从列多出发，到攻下于邦，这足足九个月的时间是反攻缅甸战役中我军所经历的最艰苦阶段。

　　于邦是胡康河谷西北的一个重要村镇，在大龙河下流的右岸，是水陆交通的要道。地形开阔平坦，三面森林，一面靠着大龙河，日军利用林缘在树顶和地面上预先筑成极坚固的防御工事，主要的阵地都用纵深的据点群构成，有极坚固的鹿砦和掩体。最先攻击于邦的是 112 团江晓垣连长的那一连人，他们一鼓作气攻到日军的主阵地的前面，消灭了 70 多个日兵，江连长和排长刘治以及 30 多位兄弟也壮烈牺牲了。11 月 4 日，第一营李克己营长带了一连人从临滨赶到于邦，把敌人三面包围起来，又在左右两翼的河边安好重机关枪，封锁渡口，防止南岸日军的增援，日军好几次的夜间偷渡都被重机关枪扫个一干二净。11 月 22 日，南岸日军增援了大批炮兵，对我两翼封锁渡口的机关枪阵地日夜轰击，机枪第一连连长吴瑾和阵地同亡。日军遂得从下游偷渡过来，绕到李克己营的背后，占领一个地势较高的地点，慢慢地便和原守于邦的日军联成一气，反把李克己营紧紧四面包围。这时候，盟军指挥部才知道于邦的敌军不是少数的缅甸兵，而是附有大量炮兵的 55 联队主力了。这样，113 团和 114 团及山炮兵 2 营便收到增援的命令，增援部队沿着刚附有一点路基的中印公路列新段（从列多到新平洋），艰难地走了二十多天才到达指定的地点。他们虽然是星夜赶路，但从被围的李克己营弟兄看起来，却还是有点姗姗来迟。

李克己营，实际上只是一个加强连。从 10 月 22 日被围起。到他们确实知道各路援军到达的时候，已经被五倍的日军围了将近一个月了。他们每天只靠着飞机投下仅够半饱的粮食来充饥，用维持最低限度消耗的弹药来抵抗敌人。有一次，一架投粮飞机被日军机关枪打伤了一个翅膀，接连三天，都没有飞机来投粮，官兵就啃了三天的芭蕉根。

胡康河谷虽然特别多雨，但是在不落雨的季节里，你竟无法从高地里掘出一滴水来，因此，李克己营弟兄饮水成了最大的问题。急中生智，他们居然想出了方法，从砍断的芭蕉根和葛藤里取出水来，勉强维持了 100 多人的饮用。防御工事筑得也别出心裁，十分巧妙。他们把阵地周围筑成八个据点，每班守一个，各个据点可用火力互相支援，又做了六道鹿砦，边沿都埋着用线触的手榴弹，另外派出一班人守住阵地北面一棵大树，那棵大树主干的直径有三四米，周围还有二三十个大小不等的枝干合起来，大约要占二三十平方米的地面。李克己营弟兄利用这一棵大树做成天然的碉堡，瞭望哨可以看到敌人一切的行动，树上树下都筑了一个轻机关枪巢，可以打三百六十度，敌人每次冲到这棵大树附近，都是死的死，伤的伤，结果还是退了回去。这棵树的本身，枪弹打不进去，炮弹又不容易命中，日军始终奈何它不得。这个地方，后来有人给它起了名字叫作李家寨。

12月21日，孙立人将军亲率114团赶到前线。23日起，剧猛的血战展开，我军的炮兵开始活跃起来，步兵跟着炮弹冲了过去，被挡了回来，再冲过去，冲破第一道，又冲第二道。于是，双方发生了堑壕肉搏战，许炳新连长中手榴弹阵亡。这时候，被围在核心的李克己营长乘机接应，从里面杀了出来，又分兵在两侧剪断敌人交通，封锁渡口，使南岸日军无法增援。激战到28日，日军的前进阵地完全被攻下了，主要阵地跟着发生动摇。湛茂棠连长立功心切，一马当先，冲进了最坚固的桥头堡阵地，第一排牺牲了，第二排又伤亡殆尽，最后他带着第三排抢得了阵地，但他自己也不幸牺牲了。步兵的伤亡

▲ 胡康河谷，中国炮兵正在使用美制75mm榴弹炮向撤退的日军开火。

太大，炮兵的火攻接着而来，炮弹像掘土机似的，把日军整个阵地都掀翻过来。阵地里面再也无法躲藏了，残敌纷纷向树林里、河涧里逃命，被李克己营预先埋伏好的机关枪和追击部队猛烈的火力统统歼灭了，没有走脱一个。这一场经过七昼夜的歼灭战，我军在日军火网之下，步步跃进，前仆后继，伤亡官兵 230 多人。日军的死伤更大，总计比我军多出七倍，而且 99% 都是阵亡，伤而未死的仅有 13 人，都被我军活捉过来，阵亡的重要敌酋有 55 联队联队长藤井小五郎大佐和大队长管尾少佐。

于邦之捷不但歼灭了许多日军，夺得了一个坚强据点，而且有利于整个胡康河谷，乃至于缅北全盘战局的发展。

中国驻印军攻克于邦，是缅北反攻作战取得的第一个胜利。日军方面承认，中国驻印军"和第 18 师团过去在中国大陆上接触过的中国军队，在素质上完全不同，因而大吃一惊。……此次在胡康的中国军，无论是编制、装备还是战术、训练，都完全改变了面貌。尽管 56 联队奋勇猛攻，敌军圆形阵地在炽密的火力网和空军的支援下不仅毫不动摇，而我军的损失却不断增加……使全军不禁为之愕然"①。

---

① ［日］服部卓四郎：《大东亚战争全史》，原书房 1970 年版，第 590—591 页。

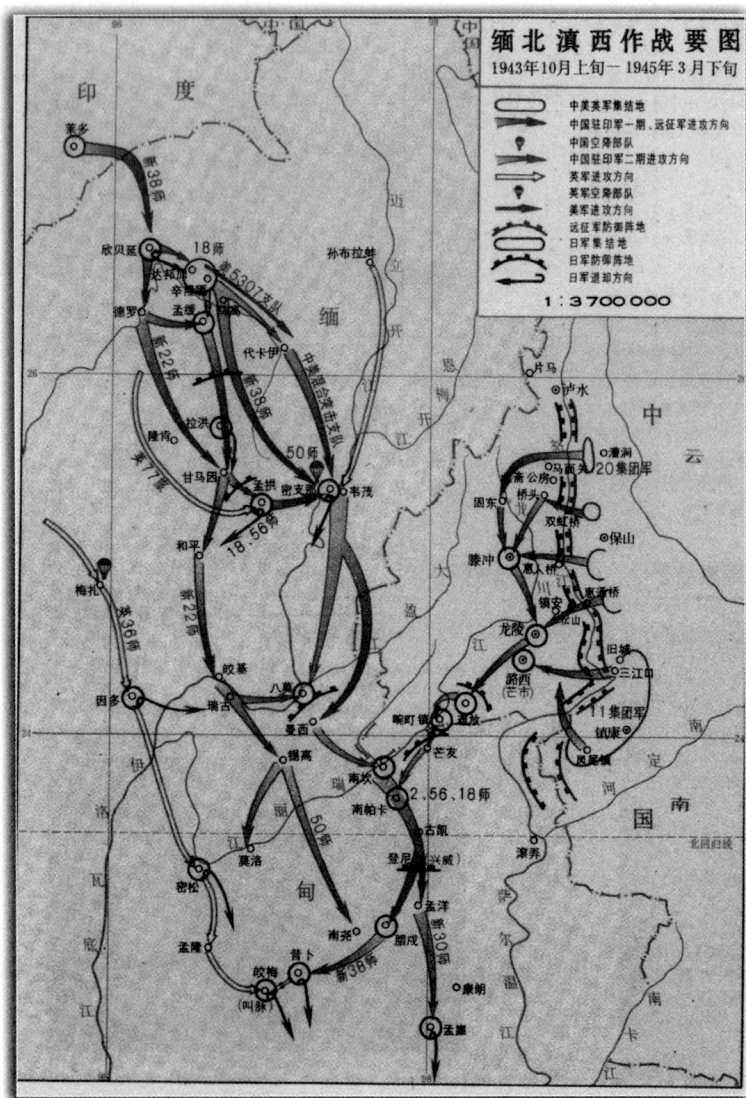

▲远征军缅北滇西作战要图（选自武星月主编《中国抗日战争史地图集》）

野人山日军死无葬身之地

◎ 迂回战奠定胡康区

胡康河谷是一个盆地，所以它的天险全在河川，尤其是大龙、大奈两河，中印公路和胡康区旧有的公路都必须通过这两道大河。于邦、太柏家（Taihpa Ga）、孟关和瓦鲁班（Walawbum）是胡康河谷公路上的四大村镇，也是整个胡康区最重要的四个据点。

大龙河河幅有 200 多米宽，和于邦隔岸相望的是乔家（Nchaw Ga），日军在河东岸的河防工事，便是以乔家为中心，构筑得非常坚固。面临这一道天险，加上严密的火网封锁，假如我军要是硬打从河里强渡过去，一定会遭受很大的伤亡。因此孙立人将军开始决定使用迂回战术，1944 年 1 月 11 日，我军以一部兵力留在于邦，和日军隔岸对峙，以吸引其注意力，用左翼的一部兵力从临滨偷渡过大龙河，14 日攻占河东岸的大班卡（Tumhpang Ga），据守乔家日军的后路受到侧击威胁，东岸日军的河防阵地，也就随之崩溃了。

大龙河两岸日军被肃清后，一部残敌纷纷向太柏家溃退，和原地守军会合困守大奈河北岸的阵地。新 38 师重新部署兵力，以 114 团为右翼队，从康道（Kaw tan）渡河直抄太柏家的背后，以 113 团为左翼队，112 团 2 营为左支队，向敌左侧背威胁压迫，以 112 团的主力为预备队，担任大龙河沿岸的警戒任务。

1 月 17 日，左翼队向太柏家疾进，一部进占宁鲁卡，在大奈河北岸击沉日军由南岸连夜向太柏家增援偷渡的大竹筏四只，溺毙敌兵一个中队，之后，便沿大奈河北岸向东攻击敌军的左翼；一部从公路右侧，在森林中开路向南侧击，威胁日军的右侧背。太柏家日军阵地便在 2 月 1 日被我军的钳形攻势击破。这时，太柏家东南方日军实力依然雄厚，又经过左翼队和左支队二十一天的合力攻打，才把卡杜渣卡、拉安卡、拉貌卡、陈南卡、新郎卡这些据点攻下，先后消灭 500 多敌人，太柏家东侧河套遂全归我军所有。

在右翼队正沿大龙河左岸攻击乔家的时候，左翼队已悄悄地从大奈河下游的康道渡口偷渡过河，开始发动胡康河谷第二次迂回战，这一路迂回部队在孟阳河（Maungyang Hka）曾遭遇到日军顽强的抵抗。孟阳河是大奈河南岸一个支流，位于太柏家的西南，胡康河谷中间东部，河流弯曲全长约 60 里，沿岸都是起伏地，树林更密，地形复杂，我军如果能在这一带地区得手，便可以北扑太柏家之背，南叩孟关。孟关是缅北军事重镇，地当胡康河谷之要冲。日军第 18 师团在孟关地区集中了 55、56 联队主力，计有七个步兵营、两个山炮营、一个重炮营和一个反坦克炮营，并在孟关及其外围据点构筑了坚固防御阵地，企图据险固守，作持久抵抗，阻滞中国驻印军的进攻，以掩护其第十五集团军行将对英帕尔发动的"乌"号作战，破坏中国驻印军反攻缅甸、打通中印公路的计划。

占领大洛、太白家后，史迪威决心乘日军新败士气受挫，驻印军初胜士气高昂之势，不待英军从英帕尔发动进攻，也不等远征军强渡怒江西进，立即挥师南下，捕捉日军第18师团击歼之。因此，孟阳河附近地区，在争夺太柏家及孟关的形势上，为敌我必争之地。战斗从1月12日开始，16日，我军一部越过孟阳河东北的第二小河道，占领日军左翼阵地的一部，另一部也把孟阳河东岸日军阵地攻下。其他各据点日军凭借坚固工事和优势炮火的掩护，一再反扑，彼此成了胶着态势。后来我军改换战术，采取渗透方法，冒险穿隙深入，无奈日军的阵地是层层密布，攻下了一个后面又是一个，包围了一部分日军，接着又来另一部，而且日军每次撤退后几小时之内总会来一次猛烈的反攻。山炮重炮和步兵榴弹炮，各式各样的炮弹，整天在阵地上空飞掠，指挥所周围几千码以外的树木都被轰成焦烂。场面最激烈的是夜间攻击，机关枪子弹的火粒成串连珠地奔驰着，树上的，地面的，一条条交叉成严密的火网，迫击炮、手榴弹和敌人的掷弹筒、枪榴弹，爆出一团又一团的火花。激战到2月6日，左翼和正面的日军已被我军割成几段，一一包围起来。我军又在一个名叫今田宽敏的俘虏嘴里得到一篇坦白的自供，他说："我们的阵地里，粮食弹药还是存着很多，就是找不到水喝，大家都十分恐慌，恐怕要和于邦第二大队走到同样的命运。"说到他被俘的经过，他很感激地说："官长对我们讲话，总是说中国兵凶恶得很，捉到日本人就砍头，所以当我被俘的时候，心里很害怕，以为一定是死，不想反而受到优待。"

他又说："第18师团官兵差不多都知道孙立人将军在仁安羌的威名，又吃过新38师这几次的苦头，所以对孙将军又恨又怕！师团部有命令给各部队，要严密注意孙将军的行动，并且把孙将军的年貌身材特点都详细注明，要各部队利用种种手段，多派狙击射手，对孙将军加以危害。"果然，后来有一个日本俘虏问反正过来的台湾籍日语译员钟正平说："你看见过孙立人将军没有，是不是高高的个子，皙白的皮肤，白头发，穿黄马靴的?"钟正平回答他说："是的，不过他现在样子有点不同了，他说他不打进孟关不剃胡子。所以他的皙白脸皮，有三分之一被二寸多长的胡须遮掩着，而且他现在只打绑腿不穿黄马靴了。""你既然见了他，为什么不行刺?"俘虏误认钟正平是日本人。钟正平说："人家待我好，我为什么要加害于他呢?"俘虏默然! 得到了俘虏的口供以后，知道被围日军的战斗意志已经发生动摇，中国军队便在 7 日印发大批传单，说明我军优待俘虏办法，劝告被围日军即日投降，等到 8 日黄昏，仍无结果。9 日晨，我军下令猛攻，恶战了一天，重机关枪兵李明友，在战壕里和敌人的肉搏队打起"太极拳"来，用很灵巧的身法，护住他那一挺枪，把敌人打得落花流水。这一段孟阳河战斗，从 1 月 12 日到 2 月 9 日，将近一个月的光景，与敌发生大小战斗 50 次，打死日军大队长宇生少佐、室隅大尉、中队长山林、松尾、大森、小野等官兵 600 余人，受伤和因伤致死的，还无法估计。孟阳河附近地区敌军被歼灭了，其他残敌闻风丧胆，纷纷向孟关以南溃退，右翼队再以包围歼灭森邦卡（Tsumhpawang）之敌为目的，乘胜挺进，一路扫荡残余，击破增援，于 21 日和左翼队在犬奈河东岸渡口会合。

新 38 师在夺得大奈河以后，因 114 团疲劳过度，伤亡很大，暂在太柏家以西地区整顿，把 112 团和 113 团分为左右两翼及预备队，准备下一攻势。

孟阳河之役中，我军获得了日军总退却命令的情报，日军在孟阳河的主要抵抗地带，既被我军所击破，孟关一块平原已是无险可守，所以日军打算再把主力结集孟关以南，重新部

署，增加预备队，待机反攻。我们得到了这个宝贵的情报，新
38 师的左翼队立即被派迁回到孟关以南，截断公路，使敌无
法增援，再和正面我军夹攻围歼，这是胡康战役中第三次大迁
回战。

这时，从列多经新平洋到太柏家的中印公路初段，已可与
胡康河谷的旧有公路衔接通车，新 22 师便从列多踏进胡康，
一路取得大洛、腰班卡（Yawng Bang Ga）等据点，沿公路南
下向孟关前进。战车第一营开始出动，协同新 22 师担任正面
的攻击，美军特由南洋调来参加印缅战场作战的步兵一团，也
在这时候从我军的左侧翼向敌后迁回行进，形成胡康河谷战役
中最热闹的场面。

▲胡康河谷前线指挥所里的军官通过无线电报告前线形势

3 月初，孙立人将军亲自带领着新 38 师左翼队挺向孟关敌
后，作深远迁回，连克清南卡、恩藏卡、康卡、阳卡、丁宣
卡、中马高（Makaw）、下马高、瓦卡道（Wagahtawng）、沙

鲁卡、山那卡（Sana Ga）等30多处据点，进展90公里，攻到瓦鲁班的附近；右翼队也攻下了大林卡、丁克棱卡、拉曼渣卡、利杜卡、卫树卡等据点村落十多处，和左翼队取得了联系。两路大军沿路都碰到日军的伏击和顽强抵抗，战士们不分昼夜，不怕大雨与炎热，英勇厮杀，连看护兵、饲养兵、炊事兵都有过杀敌的光荣纪录。

孟关地区敌军，原定在孟关以南集结，及至听说新38师已经绕到了孟关的背后，归路被截，顿时慌乱。3月5日，正面的新22师，又集中强大兵力，猛叩孟关，战车部队更是如虎添翼，纵横扫荡，敌军败绩，四处溃逃，孟关便在当日下午被我军攻下。

新38师左翼队，在正面我军攻下孟关后的第二天，即从拉千卡分兵两路，一路从密林中开路进击瓦鲁班背后的秦诺（Chanmoi），一路从东南两面向西北围攻瓦鲁班，断绝由孟关南窜日军的归路。这时美军以其支队长麦尔利（Memll）命名的麦支队，正在瓦鲁班河东岸地区被敌猛烈攻击，向卫树卡方面后撤，损失了许多枪械炮弹、无线电话和装备，新38师便单独负起了攻击瓦鲁班的任务。7日，攻击秦诺的一路，在公路左侧构筑秘密阵地，截断瓦鲁班到秦诺间的联络，打死日军一个大尉和一个中尉，击毁大卡车一辆，瓦鲁班和秦诺的敌军便再也不敢通过这一段公路相互来往。日军第18师团的师团长田中新一急于打通孟关残敌的归路，不顾一切调增兵力，向截断公路的我军疯狂反扑，这次我们的山炮和重迫击炮大显威风，把日军打得横尸遍野，血流成河。田中见大势已去，匆匆地下了一道撤退的命令，先自溜之大吉。8日晚间，日军乘着黑夜从北向南放出信号弹，通知各路日军往西山林中逃命，路上又遇到我军早已埋伏好的轻重机关枪，处处都成了华容道。

新 38 师在 9 日一早进占瓦鲁班和秦诺两地，当天下午与由孟关南下的新 22 师及战车 1 营会师，消灭残敌。日军第 18 师团自从于邦、孟阳河两次惨败，失去大龙、大奈两河天险之后，孟关不足凭借，便只剩下瓦鲁班这胡康河谷最后一个大据点。田中以为无论如何，总可以在这儿抵抗一阵，不想新 38 师左翼迂回过来得太快，简直没有喘息的机会而整个崩溃了，至于我军杀伤之大，虏获之多，难以胜数。只拿瓦鲁班一役来讲，日军遗尸在公路两侧的就有 757 人，遗弃的炮弹有四五个大仓库，这算是第 18 师团作孽太多、自食其果的报应。

▲1944 年 3 月，新一军攻克瓦鲁班，胡康河谷战事胜利，东南亚盟军总司令蒙巴顿勋爵专程飞赴缅北战场向孙立人祝贺。

综观胡康河谷的战斗，我军全用迂回战术来取胜。大的迂回战一共有三次，第一次迂回，使敌人放弃大龙河东岸全部坚固的河防阵地；第二次迂回，轻取太柏家，夺得大奈河的天险；孟关左侧背大迂回攻取瓦鲁班，这是第三次，也是最成功的一次。瓦鲁班大捷之后，一群记者访问孙立人将军，孙将军大谈其迂回战术在森林中的妙用。

根据孙将军在缅北森林中作战的经验，森林战攻击最有效的方法，即用适当兵力从正面攻击，吸引敌人，而以主力在森林中开辟新路迂回到敌人的背后，先截断敌后方联络补给线，阻止敌后方部队增援，然后对正面之敌施行包围夹击，便很容易收到歼灭战的效果，即孙子所说的"以正合，以奇胜"，开路迂回便是以奇兵制胜。但迂回部队必须开辟新路，因为原来所有的道路，敌人一定都设有埋伏，走已有的道路不但容易受袭击，也容易暴露我军的实力和企图。这种开路的迂回战法有下列几点好处：一、截断敌后方道路，使敌军的粮弹补给断绝，失去持续作战的能力；二、阻止敌后部队增援，使其陷于孤立，精神受到威胁，消失战斗意志；三、除敌人特别构筑的独立四面作战的据点外，一般阵地通常后方工事薄弱，易于攻击突破；四、我军主力迂回到敌军后方，迫使敌军炮兵后撤，不能直接支援其正面部队的战斗；五、截断敌军后路，使伤病敌兵无法救护后运，增加敌阵地内的惨象，动摇其战斗情绪，这就是垓下楚歌的办法；六、正面逐点攻取，旷日持久，消耗兵力，而迂回战可以减少伤亡，争取时间，又是孙子所说的"以迂为直"和"出其所不趋，趋其所不意，行千里而不劳者，行于无人之地也，攻而必取者，攻其所不守也"的战法了。

◎ 破天险踏入孟拱河

孟拱河谷纵长约110公里，平均宽度不到10公里。孟拱城位于南高江与孟拱河、南因河汇合处，有铁路、公路通向密支那和曼德勒，与密支那、甘马因互成犄角，是军事上的要地，战略地位十分重要。每逢雨季，平地一片汪洋，易守难攻。日军为阻拒中国驻印军前进，除对第 18 师团残部实行装备和兵员补充外，又调集原在滇西的第 18 师团 114 联队和第 56 师团 146 联队前往增援，全部配置于孟拱河谷，企图凭借山川有利地形，逐次抵抗，以待雨季来临。

中国驻印军决心于雨季前迅速歼灭当面之敌。以新 22 师附独立坦克 1 营沿公路突破日军纵深阵地，夺取甘马因；以新 38 师由东面向敌后迂回，进行夹击，夺取孟拱。

自从在瓦鲁班战役被我军包围夹击惨败后，胡康区敌军全部崩溃，纷纷窜入孟拱（Mogaung）河谷，胡康河谷尽为我军掌握。

从胡康河谷到孟拱河谷，中间横着一座海拔 1000 多米的杰布班山（Jambubum），贯通两区交通的只有一个狭隘的谷口。公路干线即从这个谷口里直穿过去，全长约有 60 多里，两旁山岭重叠，树高林密，地势向北急倾，向南缓斜，是天然的险要隘路，日军占有一夫当关万人莫敌的有利形势。我军如果单沿公路采取正面的仰攻，不但损失太大，也不容易攻得过去，如果采用两翼迂回，两旁又是悬崖峭壁，更是不容易爬得过去。而且山中无水，登山涉险，唇敝喉焦，又岂是常人所能忍耐？面对着这样困难的地形，根据我军在胡康河谷所得的经验和教训，我们只有仍然采取"以正合，以奇胜"的战法。

3 月 15 日，新 22 师配属战车部队攻占丁高沙坎（Tingkanksakan），沿正面公路直叩孟拱河谷的大门，新 38 师就担任爬过杰布班山地，迂回到隘路的后面，拔开这道大门的门闩，迎接正面部队进入孟拱河谷的任务。

3 月 14 日，新 38 师 113 团全部都在瓦鲁班以东地区附近集结完毕，随即沿着库芒山脉（Kumon Bum）开路前进，另

▲第二期远征军第一临时坦克集群

外派出 1 营跟随美军麦支队行动，打算经过大柏洋（Tabauy-ang）、西燕卡道（Shiyem Ga Htawng）、大奈洋、卡库卡道（Hkahugahtawng）等地，迂回到沙都渣（Shadutzup）南面的拉班，截断在杰布班山地的日军后路。这一团健儿，经过了十四天的艰辛开路。山道陡而且滑，上下山都要用手爬，马驮着炮不能行动，只好用人抬，让骡马光着身子走，不时还从山上滑落下去，两天工夫滑落摔死了 20 多匹马。后来饲养兵想出法子来，上山时他们走在马前用力扛着马头，下山时他们走在马后，死命拖着马尾，任凭这样的费尽苦心，马匹伤亡还是常有的事。古人说蜀道难行，比起这儿恐怕还要差得远！因为山地崎岖险峻，找不着空投场，飞机本身又受到天时限制，所以部队经常缺少给养，长途跋涉，整天不得一饱，没有水，尽管嗓子渴得冒烟，也只有勉强拿唾沫去润湿一下。1 营 1 连八天没有看到运送补给的飞机的影子，去挖野菜、砍芭蕉根来充饥。即使这样，大家都始终能忍着渴，挨着饿，一直保持着旺盛的士气，且战且进，在 27 日傍晚攻到拉班附近。第二天晨光熹微中，部队秘密地渡过了南高江，攻其不备，一鼓作气就占领了拉班。

这时，美军麦支队的 1 营也渡过了河，到达公路附近。在正面据守山隘和我新 22 师厮杀的日军，是第 18 师团 56 联队余部，附有山炮两中队，重炮二门。

113 团在迂回途中，虽然数次与日军发生战斗，但因地势险恶和我军隐蔽得法，日军只判断是小部队的行动，没有十分在意，忽然间钻出了一个团兵力，无怪乎他们要手忙脚乱了！田中新一显然急得近乎发狂，把 15 公分重炮和其他各种口径的大小炮弹对着 113 团和麦支队乱丢一气，又急急地从 114 联队和 55 联队各抽出一个大队的兵力，与 113 团第一营在拉班附近恶斗起来。美军 1 营因为受到敌军猛烈炮火的轰击，立脚不稳，往后撤退，113 团 3 营赶来接替了防务。美军对于我军的勇敢负责非常钦佩，一个美国兵很坦白地说："我们和 38 师在一块儿作战，便什么都不怕。"从这句话里，就可以看出盟军对于我军是怎样的信任了。其实，这也是句老实话，我军跟盟军在一起并肩作战时，不论对方是英是美，都是本着患难相共危急相救的精神去援助人家，尤其是在战况惨烈的时候，官兵们大都肯把全盘责任放在自己的肩膀上。第一次缅战在仁安羌援救英军，这次和瓦鲁班之役，都尽其全力，让盟军安全撤退，这种舍己为人的牺牲精神，让盟国充分地认识了中国军人的作战道德。

4 月 28 日，日军集中两个大队的兵力配合猛烈炮火，从南北两方分别向 113 团 1 营和 3 营攻击，来势异常凶猛，我军固守阵地,沉着应战,击退日军六次冲击。29 日,沿公路两侧,敌人遗尸累累,攻势渐衰,同时 113 团 2 营已沿南高江东岸轻装北上,攻下沙都渣,把公路截成了三段,直接威胁高鲁阳方面敌军的侧背。这时新 22 师已突破高鲁阳阵地南下夹击残敌,先头部队于 29 日晚和新 38 师 113 团在沙都渣会合,于是日军所依恃的 60 多里长杰布班山隘天险,完全入了我军彀中。

◎ 巧渡南高江,奇袭西通

孟拱河谷,是孟拱河南岸谷地一带的总称,地形狭长,从沙杜渣到孟拱的一段纵长约 230 里,被南高江劈成东西两半。孟拱河上游叫南高江,自孟拱以下称孟拱河,流入伊洛瓦底江,河谷两旁,都是千尺以上的山壁,雨季山洪暴发,平地成为一片汪洋。山地也是泥深没膝,山涧小溪都因暴涨而成为巨流,大河像南高江、南英河(Namyin R.),更是怒涛汹涌,

▲我驻印军渡江进入缅北作战

船只概不能开驶。因此，攻击部队的行动处处均受到极大的阻碍。日军在孟拱河谷的防御计划首先是扼守杰布班山区隘地的天险，不教我军越过雷池一步，并且相机反攻胡康；万一天险不守，便企图拼死把我军阻止在加迈以北，以度过雨季，再作道理。所以尽量选择山中高地构筑工事，深沟高垒，以逸待劳，企图困我军于泥水之中，使之逐渐消耗，以达成防御的目的。又在河谷中采取逐段抵抗的方式，除主要的防御阵地外，举凡一切有利的地形，像干沟、马蹄形池沼，都尽量地利用，以迟滞我军的行动。

我军迂回拉班沙都渣得手，杰布班山隘天险被我击破以后，日军即按照预定计划，想把战事胶着在加迈以北地区，拖过雨季，滞延我军的筑路计划。日军第 18 师团的 55、56 两联队，本已伤亡殆尽，至是又得补充齐全，并新调原在密支那的 114 联队和第 56 师团的 146 联队增援到孟拱河谷来。当时日军的部署是以 56 联队主力在南高江西岸地区，阻止新 22 师前进，以 55 联队、146 联队及 114 联队的一部集结在南高山江以东地区，并沿着拉克老河马诺卡塘（Manaogahtawng）高地，凭借险要的地势和既设的坚固工事同新 38 师纠缠。

4 月 3 日，我军新 38 师的 113 团由拉班乘胜南下追击，攻占巴杜阳（Hpaduyang），继续向南推进。左侧的美军麦支队因为孤军深入，在茵康加唐（Inkangahtawng）遭受日军的反击，被迫经大龙阳（Tarongyang）、蛮宾（Manpin）、瓦兰（Warong）、奥溪（Auche）、潘卡（NhpumGa）、山兴阳（Hsamsningyang）一线往后撤退，殿后的 2 营在潘卡（Nhpum Ga）地区被一个大队敌军包围。到了 4 月 4 日，被围部队和麦支队的无线通信也失去了联络，情况不明。支队长麦尔利准将，急请新 38 师派驻美军的联络参谋李浚上校，乘坐小型联络飞机赶回师部，请求孙立人将军派兵援救。孙将军当即电令驻在大德卡道（Tatagahtawang）的112团1营星夜赴援解围。次晚他收到了麦利尔准将的谢电："贵部112团1营，经以强行军抵达此间，足见该营士气旺盛，精力超人，训练有素，敝团之能采取攻势，实贵部给予之充分合作有以致之。"

4月5日，我军对孟拱河谷的攻击正式开始，新38师为左翼队，新22师为右翼队，分沿南高江东西两岸南下。新38师的部署是112团在左，114团居中，113团为右。南高江东侧是一脉重重叠叠的库芒山，土人歌谣中说是"无顶之山，永不能至"，险峻可知！左翼112团的任务，就是要开辟新路，爬过这些"无顶之山"，绕路迂回攻击那些据险而守的敌军侧背，迫使他们离开阵地和我决战，"使敌不知战地，不知战期"，一鼓作气把它消灭。从4月11日起，将士们忍受着一切人世间的辛苦，攀缘绝壁，攻占高利、蛮宾、奥溪等十多处坚强据点，路上又解救了被困的美军，还把瓦兰日军包围起来。这一路艰辛的情形，可以从麦利准将给孙立人将军的另一贺电中看出："兹庆贺贵部112团神异之推进，余确知该团所经过之地区，其地形之艰险，为地图上所表示不出者，悬崖绝壁，攀登困难，敝部对贵师行动之神速，深感钦佩，并庆幸能与贵师并肩合作。"

5月12日，中路的114团，击溃山崎四郎大佐指挥的55、56、114联队各一部，占领的克老缅、东瓦拉、拉吉、大龙阳这些重要据点，乘胜追扫大龙阳到蛮宾间的残敌，和112团会合，把55联队全部包围于大龙阳西北地区。右翼的113团除以一部兵力从南高江东岸谷地和新22师保持联系，协力攻击前进外，同时以主力扫荡拉瓦（Lawa）、马兰、卡劳一带残敌。这时新22师已突破茵康加唐，和56联队的主力相持于马拉关（Malakawng）地区。

5月21日，孙立人将军得到准确的情报，判断当面日军因为伤亡太大，兵力已经全部用到第一线，加迈后方十分空虚。同时我军第50师和新30师各派兵力一部与美军麦支队所组成的中美混合部队，正在进攻密支那城郊，南高江西岸的新22师和敌军在马拉关一线苦战不下，而缅北雨季马上就要到临，怎样采取积极手段，在敌人增援部队还没有到达孟拱河谷以前，赶快夺取加迈，南下孟拱策应密支那方面的作战，早日结束缅北战争，是第一件要紧的事！

他和史迪威将军一度会商之后，便挥动新38师的主力迅速南下，决定用一部兵力在正面牵制敌军，主力从敌军阵地的间隙中锥形突进，秘密迂回到加迈以南，偷渡南高江，截断敌

▲缅北战场上的孙立人与史迪威

后的主要交通线，然后向北和新 22 师夹攻加迈。战略既定，限即刻到的紧急命令当日就下达到 112 团。没有炮兵，没有马匹，大家都要背着四天的干粮和一个基数的弹药，翻山越岭，在没有路的地方，秘密开出路径，而且一定要在四天四夜以内迂回到加迈以南，截断敌后公路，否则在半路上没有粮弹的补给。从 21 日 14 时起，这一团将士在陈鸣人团长率领之下，冒着大雨，不分昼夜，绕过瓦兰，偷渡棠吉河，横跨丹邦卡到拉芒卡道的敌后驮马路，利用各种地形地物和猿啼、鸟鸣、兽嗥、水流、雨声各种声音的掩护，绕过敌人的重重封锁，有时竟在敌人阵地左右一二百米附近的地方走过，而始终没有被敌人发现过。26 日 11 时，这支奇袭部队按时到达加迈以南的南高江东岸，侦探渡河点和一切渡河的准备仅在两小时以内完成。奇怪的渡河工具不是木排竹筏，更不是汽艇，而是每人随身装备的胶布、钢盔、水壶、干粮袋，这种新颖的渡河方法，新 38 师的士兵每个人至少有过 20 次以上的训练。在列多受渡河训练的时候，司令部上自处长下到伙夫，统统都得学会。

这次神秘的迂回行动，竟使加迈区日军不知不觉地陷入我军包围圈中。在这一段地区的日军，是第十二辎重联队全部、野战重炮第二十一大队第一中队，和守护库房的监护兵两个中队，兵力在 1500 人左右，以远处后方，戒备疏忽，突然遭受到我军的袭击，竟以为是降落伞部队从天而降，惊惶奔窜，不战自溃，一日之间，便被我军打死了 900 多人。我军夺来 15 公分重榴弹炮 4 门，满载械弹的大卡车 75 辆，骡马 500 多匹，粮弹库房 15 座，汽车修理厂 1 所，弹药粮秣不计其数，这便是有名的西通截路之役，陈团长因此得到一个"拦路虎"的绰号。

27 日，陈团从西通沿公路南北两面展开，把日军在孟拱河谷物资总囤积地区攻占大半，占领的公路线长达 4 英里，加迈日军所倚恃的公路补给，完全断绝，所有的敌后通讯、联络、运输和指挥的机构，全部摧毁。28 日，我军又夺获粮弹仓库 20 多处。日军因粮弹囤积中心被我占领，急忙把新到增援的生力军第 2 师团 4 联队全部，第 53 师团 128 及 151 联队各一部，共约两个联队的兵力，一齐增加上来，另外还有重炮 4 门、野炮 12 门、速射炮 16 门、中型战车 5 辆，向我军南北两端阵地猛烈反扑。

激战到 6 月 16 日，我军一共打死日军大队长增永少佐以下官兵 2700 多人，我军也伤亡周有良连长以下 300 多人，阵亡人数和敌人成 1 : 15。日军大半都在惊慌失措中丧失战斗意志，我军则士气旺盛，面对着惨烈战况，从容沉着，这是伤亡比例悬殊的最大关键。6 月 1 日，日军曾以一个大队以上的兵力，集中各种炮火向周有良连猛冲 14 次，1 排被 3000 多发炮弹把阵地完全打垮了，排长周浩和全排弟兄没有一个人后退，全排壮烈牺牲，但敌人也在周排阵地前留下了 320 具的死尸。周浩和全排弟兄的这种至死不退和阵地共存亡的精神，便是敌我死亡人数众寡悬殊原因的最好说明。

112 团占领西通（Seton），截断公路，囊括加迈区敌军粮弹仓库以后，在加迈及其以北地区的敌军统统都陷入了弹尽粮绝的境地，从马拉关到加迈一带 60 多里的坚固阵地完全动摇，加上新 22 师在正面的猛攻和 113 团从支遵（Zigyun）的侧击，整个崩溃。孙子说"军无辎重则亡"，加迈区日军溃灭的命运，在 112 团攻占西通截断公路的时候即已决定。自从那天以后，日军就得不到一粒米和一颗子弹的补充，大家都挖野菜吃芭蕉根活命，到后来一个个饿得骨瘦如柴，连枪都拿不起来，真是不堪一击了。

◎ 攻取加迈，扫荡库芒山

印度的阿萨密省和缅北的孟拱河谷，以及胡康河谷，都是世界上最多雨的地方。在缅北作战的中国军队最担忧的就是雨季，然而雨季终究是要来的。在 112 团开始迂回奇袭西通的时候，雨季就已经开始，部队整天在雨中活动，上下山坡，尽管是手足并用，连拉带扯，有时还会被脚底下的丛草和泥土滑跌一跤，要是不留神的话，更可能变成断了线的风筝，不知道将会被跌到什么地方去。偶然间走上了平路，"一失足成千古恨"的恐惧是减小了，但那与膝俱齐的烂泥死死拖住两条腿，教你举步维艰。雨把干粮袋里的饼干之类的给养化为糨糊；雨浸湿了装具，增加了负荷的重量；雨使吸血的蚂蟥和传布疟疾的疟蚊活跃起来；雨又把池沼变成大湖，把小溪变成河流，把河流变成波涛汹涌不能航渡的滔滔大水。

▲远征军穿过丛林泥沼

从 5 月 29 日起，奉令侧击加迈的 113 团由西瓦拉向南一连攻占青道康、纳昌康等处据点，6 月 8 日，他们开始攻击支遵。支遵是南高江东岸的一个重镇，和加迈只是一水之隔，形势有如黄河南北岸的潼关和风陵渡——风陵渡失守之后，潼关就时时受到威胁；同样，如果敌人守得住支遵，我军便无法采取捷径打从加迈对岸直接进攻加迈。在支遵的日军是 55 联队第一大队和 114 联队第一大队各一部，还配属一个工兵中队，兵力大约有 600 人。连天接地的大雨把支遵附近变为一片泽国，南高江的幅宽加到 300 米以上，雨成了比敌人更凶顽的障碍，我军就在积水过腹的泥泞地区里和敌人反复搏斗。

9 日上午，借着优势炮火的协助，我军占领支遵和通达加迈的渡河口。以当时我军旺盛的士气和有利的态势，本可一鼓渡江直取加迈，只是在对岸日军盛炽炮火的封锁下，强渡过这样一条幅宽流急的大江是一件极端冒险的事。攻击部队眼看着隔河对岸就是渴望已久的加迈，恨不得插翅飞过江去，他们诅咒雨助桀为虐，胸膛里的热血和南高江的波涛一样奔腾澎湃起来。虽然，部队长已经打了急电请求指挥部赶快派飞机来投送渡河工具，但是，一天，两天，三天，老是看不到飞机的踪影。大家都等得不耐烦，赵狄团长看到有这样好的士气，下令给各部队，尽量就地征集渡河材料，编制木排、竹筏，并利用平时所接受的渡河训练，就各人的随身装备，做成各式各样的漂浮器，把迫击炮和机关枪架在行军锅上，从上游选好了渡河点，利用水流的速度，向对岸强游过去。这样一连强渡了三次，都是因为江流太急和敌人炮火过于猛烈，没能成功。16 日早晨，飞机到底来了，有了橡皮艇，渡河便有了把握。9 点整，掩护强渡的山炮、迫击炮、轻重机关枪开始乱叫起来，每只小艇都像脱弦之箭，朝着对岸飞驶过去。9 点 30 分，渡河的部队便纷纷爬上了陆地，很快就占领了加迈东南侧的高地。加迈市区日军遗弃下大批尸体，横七竖八地扔在街道上、水沟里和炮弹穴的旁边，向西南方溃败下去。这一久攻不下的重要据点，到正午12时，已经完全落入我军掌握之中。15时，从马拉关南下的新22师65团先头部队，也到了加迈，和113团3营会师。

加迈是孟拱河谷第二大镇，在南高江西岸，北距杰布班山隘北口约150里，南距孟拱65里。其西北的龙京（Lonkin）为著名的宝石产地，战前中国人常到这里来采购，市容很好，但经过炮火洗礼之后，只留下一片凄凉景象了。

在113团攻击加迈的途中，114团即以锥形战法，从大班、青道康中间的间隙，不分昼夜，潜行突进，时而爬上突入青天的高峰，时而踏入深不见底的沟壑，沿途艰难困苦情形，和112团奇袭西通所经历的差不多。6月1日，这一批人马突然在瓦鹿山（Walubum）出现，出敌不意，一举攻占拉芒卡道（Lamongahtawng），然后席卷东西瓦拉，斩断潜伏在库芒山中的残敌归路，一路势如破竹，连克丹邦卡（Tumbongnka）、大利（Tari）、马塘、登浦阳许多据点。15日，又击破日军第53师团128联队第一大队的阵地，占领巴棱杜（Parentu）。巴棱杜在孟拱密支那公路的交叉口上，距离孟拱城12里，地势很高。占领巴棱杜可以南制孟拱，西北和在西通的112团互相呼应，东断密支那到孟拱公路和铁道的交通，使日军对密支那方面无法增援，减少密支那我军对侧背安全的顾虑。整个缅北战局，发展到此，我军实已掌握决定性的有利态势，可算得是大势已定了。

日军在孟拱河谷的主要防御阵地，大都是利用库芒山系的天险。这一带山势起伏，地形十分复杂，包括高山、深壑、密林、荆棘、河川和大雨积成的暂时湖沼。日军在这里面构筑许多坚强而有纵深宽广的据点式工事，各因地形做成奇巧、独特和顽强的防御阵地，大小不一，星罗棋布，形成一个大网状的阵地带。我军如果只从正面攻打，逐点击破，纵使能步步胜利，至少也需要一年以上的时间才能把这一座库芒山肃清。孙立人将军这次的作战计划，是以112团为奇兵，采用果敢的深远迂回战术，先截断加迈至孟拱的主要公路补给线，迫使我新22师当面之敌迅速崩溃；以114团为伏兵，由高山深谷中伏道而出，袭占丹邦卡，直捣巴棱杜，突刺敌阵心脏，截断被困在库芒山中敌军的后路；以113团为正兵，从正面及右侧扫荡。三路并举，步步得法，正合乎苏老泉的"兵有正兵奇兵伏兵"的原则。

▲加迈之战中被中国远征军坦克第一营赵振宇部击毁的日军战车，日文原版说明为九五战车，根据炮塔形状一说日军使用的是 T－26 战车。

自4月初旬到6月中旬，不过两个半月的光景，新38师的战绩是：攻占南高江西岸的西通、加迈、南高江东岸库芒山脉中的巴杜阳、东西中丁克林（Tingring）、的克老缅、玉麻山、东西瓦拉、马诺卡塘、拉吉、下老、大龙阳、博甘、蛮宾、杜卡、母泡卡、高南卡、山兴阳、潘卡、高利、奥溪、瓦兰、大班、青道康、那张家、纳昌康、拉芒卡道、支遵、拉高、拉溪、胡路、大高、大利、丹邦卡、卡当、卡华康、棉毛阳（Maumawyang）、巴杜阳、亚马楼（Yamalut）、巴棱杜（Pardentu）等重要市镇坚固据点及大小村镇 200 余处，战斗 300 余次，毙敌 7700 余人。

◎ 孟拱之战

孟拱和加迈同是属于密支那府的县治，城在南高江南岸，水陆交通，都很便利。缅甸铁路经过这里，横跨南高江，东去密支那，西南经卡萨通往仰光；水路沿南高江可北上加迈，东流入伊洛瓦底江直达八莫；而孟拱与加迈间又有良好的公路贯通，是为缅北交通的锁键。从战争形势来讲，孟拱、密支那和加迈三镇，鼎足而立，孟拱又是策应双方战局的中枢，更有南高江南英河两道大水作为屏障，故为战略上的重镇、兵家必争之地。据守孟拱的日军有第 53 师团 128 联队的主力、151 联队的一部、第 56 师团 146 联队一部、第 2 师团 4 联队一部、第 53 炮兵联队、武兵团 139 大队和第 18 师团 114 联队的残余部队。

114 团于 6 月 15 日进占巴棱杜、亚马楼一线之后，李鸿团长在打算全力向南推进，渡江进攻孟拱，忽然又接到分兵援救英军的命令，原来两个月前在孟拱卡萨铁路间降落的英军 77 旅，这时在孟拱城东南被敌军包围攻击，伤亡惨重，形势非常危急，特派参谋迪克少校往孙立人将军指挥所请求援救，坦白说明他们现有官兵还不到 500 人，战斗力十分薄弱，如在 24 小时以内不能得救，便只有向东南山地撤退。孙将军本着仁安羌救友的热忱，满口承应下来。他命令 114 团即日由巴棱杜向东南区秘密开路前进，迅速强渡南高江，抢救英军；并以主力南下占领孟拱城南外围重要据点，截断铁路和公路的补给线，然后再来围攻孟拱。

▲孙立人将军（前左）与团长李鸿（前右）视察缅甸前线时合影

114 团接到命令，全团立即轻装出发，昼夜急驰，冒险渡过南高江四百尺的洪流，连日大雨，泥烂路滑，官兵满身都是泥浆。这时加孟公路还没有打通，敌人绝想不到 114 团会马不停蹄地卷过江来，所以当我军在孟拱城的侧背突然出现时，敌军仓皇失措。俘虏箕浦源七说：“被俘的那天早晨，我和其他分队六人，同往孟拱东北附近老百姓家里买香烟，回来碰到中国军队，战友五人当时就被打死，大家都没有想到中国军队来得这样快！"可见得当时敌军对我军的行动竟然丝毫没有发觉。

114 团渡过了江，即以一部兵力支援英军并接替英军防务，让英军安全后撤，主力在 20 日早晨依照孙将军的指示沿孟拱东侧山地南下攻击。经过两昼夜的激战，孟拱外围的建支（Kyaingyi）、汤包（Taungbaw）、来生（Loisun）、来鲁（Loilaw）这些重要据点尽被我军占领，孟拱对外交通完全被割断，残敌惊慌万状，不晓得哪里是生，哪里是死，只知道往城里乱窜，都成了瓮中之鳖，正好给我军以聚歼的机会。另有日军步炮联队约 1000 人，由孟拱赶往密支那增援，走到南堤（Namti），听说我军已经兵临孟拱城下，便立即回转身来，打算和孟拱守军夹攻我军，使 114 团腹背受敌，以挽救孟拱的危急。不料 21 日晚在威尼（Nweni）附近被我 8 连排哨一打，就阵势大乱，糊里糊涂地用密集队形冲撞一阵，结果不但没能解救孟拱之危，反被一个排哨打得七零八落，连 53 炮兵联队长高见量太郎大佐都死在里面，可见得当时敌军慌乱的程度了。

本来孟拱的环城防御十分周密，坚固的工事之外，还有重重叠叠铁丝网，但这对我能征惯战的 114 团，很难起到什么决定性作用。23 日，我军的 75mm、81mm、60mm 各种不同口径的火炮，猛烈地向城里和城边吐出震人心弦的火舌，对方也奉还一批批大大小小的弹雨，前面的倒下去后面的跟着上来。时间由白天转到黑夜，再从黑夜转到白天；距离由一千码缩短到五百码、三百码、二百码……五十码；战况由炮击、用机枪、用步枪，演进到用手榴弹、用刺刀、肉搏。敌军自知面临死神，反倒镇静一些，断壁颓垣，都成了他们有利的掩护。然而，时间是过去了，空间是紧缩了，困兽之斗，又有什么用呢？

25 日傍晚，孟拱城完全落入我军的掌握中，残敌纷纷跳入南英河，打算泅水逃命，不想也是一条死路，算是给埋伏好的机关枪打了一次大牙祭。

孟拱之战，新 38 师三个团的任务，在纵的方面有很明显的划分：114 团负责攻占孟拱，112 团负责打开加迈至孟拱的公路，113 团负责打通孟拱至密支那的铁路线，并与密支那我军取得联络；在横的方面，三个团也有连环的作用：114 团有居中策应 112、113 两团的任务，而 112、113 两团特别是 113 团有协助 114 团攻取孟拱的任务。

114 团攻下孟拱后，113 团即从巴棱杜向东南疾进，其攻占加迈的第 3 营，这时已将加迈防务完全交与新 22 师，归还建制。28 日，该团将孟密铁路线上的重要据点南堤攻下，截获火车箱 300 余节。残敌争先恐后地向东奔逃，连头都不敢回，如果用旧时小说上"如丧家之犬，如漏网之鱼"两句话来形容当时敌军的狼狈情形，最为恰当。追击部队于 7 月 11 日傍晚到达密支那和新 30 师会合，长 120 里的孟密铁路，不再有日军的踪迹了。

112 团打通加孟公路的战斗，也和 113 团打通孟密铁路的战斗同时进行。7 月 1 日，第 50 师的 149 团到达西通附近，接替了 112 团公路占领区的防务，112 团便撤到南高江东岸向孟拱附近集结。这时正是雨威凶猛的时候，孟拱城内的建筑物完全淹在水里，柏油路上可以行船，城外地区一片汪洋，行人路上泥有腰深。112 团有几位弟兄，偶一失足，便活活地陷在泥里，被困致死；马陷到泥里，更是没有办法，越跳越深，眼看着它慢慢地陷下去被烂泥活埋。从 7 月 7 日起，112 团与 149 团从加孟公路南北两端发动猛烈的夹击攻势，到 10 日半夜在距孟拱 20 里处会师，打通了加孟公路。

▲日军残部向孟拱河谷撤退

孟拱河谷战斗至此结束，加迈、孟拱和密支那间的公路铁路都已畅行无阻，密支那我军更因孟拱的占领和孟密铁路的打通而占得必胜的上风，使整个缅北战局迅速得以胜利扭转。所以史迪威将军致孙立人将军的贺电说："孙兼师长：贵师攻占孟拱，战绩辉煌，达于顶点，特此电贺。"英印军第三师蓝敦师长为感谢新38师114团援救77旅，也在6月27日有贺电一通："孟拱之捷，谨致贺忱，并谢协助敝师77旅之美意，此致孙兼师长、李团长及阁下之英勇部队。"

从占领加迈到攻下孟拱，时间还不到十天，连打通加孟公路和孟密铁路的战斗计算在内，也不过三个多星期。这样短短的时间，新38师健儿打死了敌军53炮兵联队联队长高见量太郎大佐以下军官81人、士兵4300多人，这还只是在统计之内确知的数目，其他饿死山林或被土民杀死的日军士兵人数一定比这个数字更大。自112团截断公路夺得粮弹仓库之后，孟拱河谷的日军便陷入包围，经常有十多个人或几十人的小股散伏在巴棱杜的深山密林中，都是脸青脚肿，奄奄待毙，被我方骡马部队和传令兵、看护兵、炊事兵击杀或生俘的，几乎是无地无之，无时无之。6月19日，师部有两个传令兵，在路上碰到敌兵30多人，一个叫张广坤的只用冲锋枪打了两个弹匣，敌军便毫无抵抗地丢下一挺轻机关枪、十支步枪和十五具死尸，分头逃窜，这可作为一个有代表性的例子。其他还有三五成群跑到老百姓家抢吃被土民杀死的也很多，土民往往割下两只耳朵，送到我军中来报功。在孟拱河谷西南部的一个死谷里，有武装齐全的敌军2000人以上集体饿死。孟拱河谷，敌我的死亡比例是12：1，这个纪录，并不只限于敌我对战时的杀伤，造成的主要因素还是我军战略和战术的成功，不仅炮火的杀伤而迫敌军于饥饿、伤病中死亡。

缴获的敌第18师团阵中训话资料中有第十五军团长牟田口廉也在昭和十九年五月阵中训话的记录，牟田口廉也曾任第18师团师团长，后因战功升军团长。原文中说：

师团奉命邀击击灭侵入胡康之敌人，军团长于司令部出发之际，曾经赞菊兵团之意志云："保卫日本之菊军团，对敌人之侵入，应作如何处置"等语。如此菊兵团之任务，当为击灭敌人，何以必须负此任务，因所谓拒止或阻止，乃消极目的之达成，不能彻底挫折敌人打通云南公路之战斗意志。所云击灭，又惟有菊兵团能行之。对此有三要点：一、敌之企图颇大；二、除击灭外无他对策；三、菊兵团不可不独立行之。所谓敌企图颇大，即在企图打通云南公路，兹列表分析之：

云南铁路打通后 { →实行援华 { →遮断南方军三连路线
　　　　　　　　　　　　　　　→中国军得以转移攻势 ┐
　　　　　　　　→美军进驻→轰炸日本本土→梦想屈服日本

欲阻止敌人计划之实施，须相当之力量，敌全般状况未陷于不利时，无论二年三年，或牺牲五万十万，皆所不顾。

以上一段训话资料，除对美国的判断言论荒谬不便抄录外，其死力顽抗的决心，可以见其大概。文中所提的菊兵团，即是第18师团的防谍号记。训话资料发下，正是胡康会战结束，敌军退据加迈北区死力再战的时候。日军万万料想不到他所准备下足以抵抗两三年的军需用品，却在短短的两月零三日中消耗了，牟田口廉也所要求的任务，不但一个第18师团不能完成，再加上第53、第56和第2师团也是枉然，只不过是增加我军杀敌纪录的数字而已。

出其不意中美空降密支那

　　密支那是缅北重镇，曼德勒-密支那铁路的终点，中印公路必经之地，同滇西重镇腾冲只有一山之隔。中国驻印军若攻下密支那，中印"驼峰"空运就有一条比较安全的航线，中印公路和中印输油管道也可在此与缅北交通线联系在一起，从而使密支那成为援华物资的最大中转站。鉴于密支那在战略上的重要性，日军自3月上旬瓦鲁班败退后，即加强了对密支那的防守。

▲1943年10月，一架美军C-46运输机飞越喜马拉雅山脉。这是驼峰航线运输的一个镜头。

密支那位于伊洛瓦底江西岸，周围多山，是一个地形稍有起伏的小平原，遍地都是幼年的丛林，非常隐蔽。伊洛瓦底江经此向东南流，河床宽300—800米，船只通行，水清澈见底。除河流铁道之外，公路也四通八达，可以南去八莫，西至孟拱，北通孙布拉蚌（Sumpura Bum），东面的瓦霜（Wansawgn）公路如再向东延筑100公里便可通到腾冲。密支那城西和城北都有飞机场，与孟拱、加迈同是缅北的战略重镇。

4月下旬，正当孟拱河谷我军扫荡库芒山进追加迈的时候，中美联军的先遣支队，即在孟关集结南下，进袭密支那。这支中美混合部队，由美军步兵一团、我军新30师88团和第50师150团组成，归美军麦支队队长麦利尔准将指挥。5月6日，混合支队第一纵队在雷班（Ritbong）附近被日军一个加强中队所阻，88团夺路前进。12日，美军一营又在丁克路高（Tingkrukawng）被两个日军中队围攻，88团再从背后赶来解围，我军因急于南下，不便恋战，便留下一部兵力故作佯攻模样，与敌周旋，主力避免战斗，连夜兼程向密支那前进。15日，第二纵队的我军150团已超过第一纵队，到达密支那附近，当晚把密支那到孟拱的公路线截断。16日夜半，全部到达密支那西飞机场以南的南圭河，88团主力和美军1营也在18日赶到密支那北20里的遮巴德（Charpate）。其在丁克路高佯攻掩护主力行动的3营，因为飞机大都忙于运输部队，忽略对于该营给养的投送，500多健儿受了八天饥饿之苦。

由于日军在英法尔的蠢动和英印军节节退守，仰光的日本广播员天天都向加尔各答散布谣言，说是日军就要攻进印度，教整个印度陷入了惊慌的状态，新30师的89团就在这时候奉命在英法尔一带布防，应付万一。到 5 月中旬，日军因在孟拱河谷失利，兵力不够分配，不得不把向英法尔轻骑深入的部队撤回。英法尔一带平静无事了，89 团便在 13 日转向阿萨密省的马鲁（Moian）和乔哈特（Jorhat）两个空军基地集结，准备空运密支那。17 日，密支那我军开始攻击西飞机场，为后续空运部队夺取着陆地点。150 团完成了这个任务以后，接着便有大批 C-47 道格拉斯式运输机和滑翔机在战斗机掩护下陆续降落，89 团 2 营、3 营健儿立刻爬出了飞机舱加入战斗，余部也在第二天空运到达。

19 日那天的攻击部署是：美军和 88 团沿铁路线担任警戒，阻止敌军由孟拱向密支那增援，89 团以主力扫荡机场附近残敌，150 团攻击火车站。

150 团在 19 日黄昏时分攻到车站附近，突破铁丝网，被敌猛烈火网所阻，战斗惨烈，3 营营长郭文斡阵亡。20 日上午 8 时，我军一度将火车站占领，但因后方的通讯联络全被敌军炮火割断，无法要求空军和炮兵的援助。敌军乘机大举反扑，2 营、3 营伤亡惨重，车站得而复失，到晚全部弹尽粮绝，后方依然补给不上。150 团被困在车站附近，最后用刺刀冲出重围，撤回飞机场附近。21 日由列多飞来的第 14 师 42 团，也全部到达密支那机场。

自 150 团撤回机场后，敌军觑破我军战略指导的弱点，即利用我军重新部署的时间，一面向各处求援，一面加强工事，把密支那附近分成四个防御地区，纵深配备，攻击更加困难，双方成了对峙的状态。

23 日，史迪威将军派参谋长柏德诺准将由列多来密支那接替麦利尔准将的指挥职务，另外组织前方指挥所，重新部署攻击，规定我军由第 50 师及新 30 师两师师长亲自指挥。

▲在密支那机场接受治疗的中国伤兵

从 5 月 23 日起到 7 月中旬，密支那战事拉锯式地进行着。我军在长约 15 里的正面防线上成了一个弓形，伊洛瓦底江恰像弓弦，把密支那日军夹在大江和中美军弓形包围之间。战斗起初是在距城 10 里左右的小山头和村庄里进行，我军逐步前进，每天跟敌军争夺三十码、五十码阵地，这样敌我都付出极大的伤亡代价。二十几天后，敌人被迫放弃村落，改守距城 6 里的丛林山地，在这段战斗期间，我军曾用掘壕战法渐渐攻取郊外阵地而进入街市战斗，敌军经常利用夜幕掩护，向我偷袭，企图拖延时日，我空军和炮兵不分昼夜向城区及伊洛瓦底江东岸轮番轰炸、扫射、爆击，密支那的建筑物大部被毁，敌后运输补给的船只和来往于宛貌（Waingmaw）公路间的汽车也完全被我军炮火所控制。后来敌人又改在八莫通往密支那公路的中途，夜间用汽车把粮秣弹药偷运到江边，再用木板和树排送过江来维持补给。被困于城内的敌人便躲在那些用铁轨筑成的坚固工事里死守起来。

▲密支那城外，远征军每天都打掉运来的炮弹，丢掉所有的手榴弹。

密支那敌人的命运，事实上在 6 月 25 日孟拱被我军占领时即已决定，那时从卡萨增援来密助战的 128 联队和炮兵 53 联队没有到达指定战场，在孟拱就被新 38 师打得全军覆没。密支那敌军对于上面允许增援的部队迟迟不到，虽然有些怀疑，但却从来没有想到那些部队会在半路上被人家消灭，甚至根本不晓得孟拱已被中国军队占领。待到 7 月 11 日，新 38 师的 113 团从南堤沿孟密铁路长驱东下，直捣密支那和新 30 师会合的时候，密支那的日军才明白第三十三军团要他们死守的命令，不过是要他们守到死而已。日军在密支那市区的配置，大部分利用民房和街道两侧构筑坚固的掩蔽部，重要地方用少数的匍匐壕连接。重火器的位置，都选定在十字路口、民房屋角和公路的进出口，炮兵大部移到江东岸游动使用，阵地上只留少数守兵，管制自动火器，另外埋伏一些狙击射手，其余的便在掩蔽部内养精蓄锐，不到我军逼近阵前，绝不轻易射击。

7月25日，新30师的90团也由列多空运到密支那，密支那攻城战接着就进入街市战的阶段。

31日，我各路大军联合围攻，逐码前进，已将密支那市区占领过半。在这危城已破的时候，敌酋还发出最后的命令，要他的部下对天皇尽忠，可怜的敌军也真就是这样的傻干，至死不悟。

8月2日清晨，我第50师师长潘裕昆将军眼看着城北日军非常顽强，工事也十分坚固，攻击不易，而且牺牲很大，便决定组织敢死队，用奖赏的办法，征选勇敢官兵100人，随身携带轻便武器和通讯器材，利用夜晚分组潜入敌人后方，把敌军通讯设施完全割断，第二天拂晓，即向预定的重要据点及敌军指挥所，作猛烈果敢的突击。敢死队得手以后，其余的攻击部队同时应声而起，不顾一切往前冲去。当天第50师就把十一条横马路完全占领，并扫荡肃清营房区以东沿江一带的残敌，新30师攻下了敌人打算作为死守据点的全部营房，城北的美军也将西打坡（Sitapur）占领。

8月5日，驻印军全部占领密支那，困守密支那的日军大部被歼，残余日军乘竹筏及泅渡沿伊洛瓦底江向八莫撤退。此役，驻印军共计毙日军2700余人，俘日军70余人。日军第56师步兵团长水上源藏少将战败自杀。

中国驻印军攻克密支那，缅北反攻作战告一段落，由加尔各答经利多、胡康河谷、孟拱通往中国的输油管道也于9月29

日通到密支那。

▲1944 年 8 月 2 日，经过两个半月的持续猛攻，中美联军攻克缅
甸北部的密支那城。图为中国军队进攻密支那。

横渡怒江远征军收复失地

　　中国远征军自在云南成立，其任务即是打通中印之间的国际通道，消灭盘踞在滇西的日军。中国远征军的任务涉及中、美、英、印政府政策，因此是经盟国政府会议确定的。第一次为1943年1月间的卡萨布兰卡盟国参谋长会议；第二次为同年5月的华盛顿首脑会议；第三次为同年8月的魁北克会议。因此中国远征军肩负执行本项国际会议决议的任务。

　　1943年4月，蒋介石任命陈诚为中国远征军司令长官，重建中国远征军司令长官部于昆明以西的楚雄（后迁保山）。半年后，远征军司令长官易为卫立煌。远征军下辖两个集团军（宋希濂的第十一集团军、霍揆彰的第二十集团军）和司令长官部直辖的第93师（师长吕铨）及美空军第十四航空队。史迪威派其副参谋长窦恩准将长期住在远征军司令长官部，以做联络工作。

　　在调整兵力时，重庆军委会来电，原由张学良东北军改编的第五十三军可拨归远征军使用，卫立煌复电表示欢迎。第五十三军当时在洞庭湖一带与日军对峙，卫一时无法解决交通运输工具问题，正在着急，该军回电竟满腔热情地表示愿远涉万水千山，徒步进入滇西，归入中国远征军战斗序列。

　　基于中美政府间的协议，远征军改装美械装备。各部队除更换武器外，还要进行美军装备基础训练。第五十三军刚到大理指定地点，卫立煌就驱车看望他们。他们的武器已老旧，从抗日后便像个无娘的孩子，它是西安事变后张学良率领的东北军唯一残存的部队，曾转战黄河南北，又参加过武汉大会战，装备虽已老旧，可是全军精神饱满，仍有战斗力。因远征军已到各部队均为中央军嫡系部队，第五十三军到后，卫特别关照长官部各部门要对第五十三军给予一视同等的待遇，使该军尽快成为名副其实的美械装备部队。所谓美械部队与美式装备部队还有不同，美式装备部队是按美军的现代装备标准来改装，包括服装。驻印军是美械装备部队，只是把步枪、机枪全换成美制 0.303 吋口径的。这些步枪、机枪是美在第一次世界大战时的标准武器，其性能与我原中正式步枪相近。最主要的是加强了炮兵，军配备有 105mm 榴弹炮营、山炮营、重迫击炮营；师配备有山炮营、战防炮营；团配备有 82mm 迫击炮连；营有无后坐力炮（火箭筒）排；连有 60mm 迫击炮班、火箭筒班、战防炮和冲锋枪班。冲锋枪为美军现时装备武器，口径为 0.45 吋，是当时最优秀的武器之一。为了充分发挥盟军航空兵优势，军、师均设置了空军联络官（按卫立煌的要求，团也设步空联络官）。军和师配备有比较完善的野战医院。各部队换械时，军、师、团级和各兵种将领均分期分批空运到印度的蓝姆伽接受强化训练。在集训换械时期，卫立煌又与第五十三军团以上干部谈话，他开门见山先谈远征军任务，严肃的话说完后，又以闲谈口气说，他从未并吞过谁的部队，更未亏待过谁的部队，要是谁不信可以指出事实。各指挥官听后，鼓掌欢笑。第五十三军干部全部为东北籍，踏入第五十三军大门好似到了东北，全说东北话。卫立煌说的话，军全体干部认为可信，找不出事实。全军的士气大振，在反攻中表现出色，在滇缅反击战中立下了功勋。

▲空运往印度蓝姆伽的中国官兵

日军在滇西的战略要点是腾冲、松山、龙陵、芒市、遮放、畹町、平戛。各要点都筑有半永久性工事，据点外围都筑有延伸的坚固的工事群。自北向南，唐习山、大塘子、红木树、平夏是日军据守怒江的前沿阵地。中国远征军的防线沿怒江北起腾冲以北的牟马，南至滚弄以南，约达400公里。日军第18师团虽在密支那及其西北地区，过去曾常出兵支援滇西日军。密支那到腾冲有直通道路，汽车一天即可到达。日军缅甸方面军司令官为河边正三中将，此人就是卢沟桥事变时的那位少将旅团长，一手操纵了事变的策划及实施。缅甸方面军辖本多政村中将第三十三军、缨中省三中将第二十八军、牟田口中将第十五军，共十个师团又三个旅团（注：日军记录为303501人），即第2、第49、第53、第31、第33、第54、第15、第55、第18、第56各师团，独立混成第24旅团、第105

旅团、第72旅团。缅甸方面军司令部驻仰光。其隶属之空军部队为第5飞行师团，有各种飞机约200架。加上可以从泰国派出的支援飞机，总数可达350架。缅甸方面军直属日本南方军，该军与中国派遣战斗序列平行，均由日军大本营总指挥。

1944年5月，远征军实施滇西战役。当时日军在怒江西岸的兵力分布是，第56师团以148联队防腾冲，以一个大队守松山，以一个大队和第2师团一个大队防守龙陵，其司令部设在芒市；第33师团一个大队防守平达。与其隔江对峙的中国远征军第十一和第十二集团军共有七个军，16万余人。滇西战役历时八个多月，分四个阶段：第一阶段强渡怒江（5月11日到12日）。远征军两天之内，攻占怒江西岸的灰坡、北斋公房、大塘子等要点。第二阶段攻占松山、腾冲、龙陵等重要据点（5月25日到11月13日）。远征军从6月4日开始经反复冲击，于9月8日全歼松山守敌。9月13日，远征军克复腾冲，歼灭日军4000余人。从6月5日开始直到11月3日，远征军才克复龙陵。龙陵市区周围每一处山头都曾发生过激烈战斗。远征军在龙陵地区共歼灭日军10620人。第三阶段攻占芒市、遮放（11月13日到12月1日）。远征军于11月19日攻占芒市，并乘胜追击于12月1日占领遮放，歼敌1034人。第四阶段攻克畹町，会师芒友（12月26日到次年1月23日）。1945年1月20日，远征军攻克畹町，拔除了日军盘踞在云南境内的最后据点。随后远征军出国作战，配合驻印军攻击芒友。芒友是中印公路的咽喉。1945年1月16日新一军开始芒友作战，22日远征军第五十三军由西向东推进，配合新一军进攻芒友，27日攻克芒友。穿黄卡其的新一军与穿灰布衣的滇西远征军首次会师。至此，浸透数万士兵鲜血的中印公路完全打通。远征军在滇西战役中共歼灭日军 2 万余人。

中国远征军反攻在即，长官部与两个集团军总部、渡江总指挥部，各兵种指挥部联系频繁，保持最高临战状态。渡江准备工作一直在积极进行，包括掌握划橡皮艇和划竹排子的学习就足足用了一个月的训练时间。怒江上原有的惠仁桥是铁索桥，木板被烧去，但铁索仍然存在，我工兵部队用了几个月时间模拟敌炮火下抢装木板技术，现在马上就要见诸实践了。5 月 10 日，夜幕降临，怒江东岸的我远征各部队，陆续到达渡江的准备位置，磨砺以须，枕戈待旦。各部队行动的敏感超过预想。

1944 年 5 月 11 日拂晓，强渡怒江战役开始了。怒江上显得寂静，黑夜终于退去，鱼白色的天空渐渐转为淡蓝。江面上这时飘起了一层薄雾，宛如一条长长的纱带在江上起舞。它神

▲怒江东岸的中国守军

奇地起到了烟幕的作用，日军的眼睛看不到对岸数万大军在行动。

马王屯中国远征军长官部，灯光通明。卫立煌在办公室看看手表，看看室内的各部门负责人，终于拿起电话，下达中国远征军强渡怒江的命令。

怒江东岸的密林中隐蔽着的我军强大炮群，这时昂首咆哮，万弹齐发，发出震耳欲聋的轰鸣，击中了指定目标，摧毁日军在岸边的防御设施。

江边待命的第五十四军各部队，在猛烈炮火的掩护下，由惠通桥上游的栗柴坝、双虹桥之间的几个渡河点乘橡皮艇、竹筏和各式各样的木船开始强渡怒江。新39师也从惠仁铁索桥上跑步通过。第五十四军渡江部队顺利过江，首发的第9师加强团在另一渡江河点强渡成功。随后第88师、第76师、新39师组成的加强团分别在惠仁桥、蚌薫渡、七道河各渡口附近强渡，渡江后即高速向指定目标进行战略性牵制作战。第88师加强团由师长胡家骥率领，新39师加强团由副师长洪行率领，第9师加强团由副师长陈克非率领，第76师加强团也由副师长率领。第9师加强团强渡后，直接向敌在岸边重镇象达及敌老巢芒市地区游击牵制，见机截断龙陵与芒市间的交通。11日（至16日），我第六军新39师加强团在惠仁桥附近强渡后，搜索前进时与敌113联队龙字6734获尾部队千余众激战，几度发生肉搏战，经艰苦奋战，推进至敌要地红木树以东及北高地，敌之咽喉要地腾龙桥在望。第88师加强团渡江后，先后将敌148联队一部击退，并推进至三村、马鹿塘及青木岭要地。第76师加强团强渡后与敌146联队龙字6735安部队千余人激战，并于15日一度攻占敌在芒市以东100余公里处最大据点平戛，后因敌由芒市大举增援，平戛复陷敌手。新39师加强团则战至糯英及户算附近与敌对峙。至此，各加强团之战略企图——牵制敌部队的目的已达到。

强渡怒江主力第五十四军之第198师由栗柴坝渡江成功，其593团于16日迂回攻占桥头、马面关一线，第198师主力按计划爬山向北斋公房进攻，日寇第148联队主力凭险死守，战斗激烈。该军左翼的第36师，由双虹桥附近强渡后，按计划去争夺日军重要据点唐习山、大塘子。日军死守阵地，战斗激烈，情况危急。守敌148联队兵员充足，是装备最好的一个加强联队，配备有两个炮兵中队。联队长为著名少壮派藏重康美大佑，该战略据点受日腾冲守备区指挥官水上源藏少将亲自指挥。第36师与敌激战突然形势恶化，第二十集团军霍总司令、第五十四军阙军长均向卫立煌报告，第36师李志鹏师长有可能对部队失去控制。这是完全出乎意料的，第36师是有战斗经验的部队。卫立煌听到以上报告也感意外，一旦第36师垮掉，必然会影响各渡江部队，最后会弄成渡江口被敌人封死，已渡江部队孤立无援的局面。这是大军统帅拿主意的关键时刻，分毫差错都可导致可怕后果。卫立煌即电令在江边待命的第五十三军提前强渡，驰援接替第36师防线，扼制日军攻势。远征军长官部对此加倍关注，第五十三军第一次作为中央军作战，唯卫立煌对该部队有十足信心。第五十三军接受任务后，过江一批赶往阵地一批，每批一到阵地即向日军展开反击。

此次我军强渡怒江，共用了500余艘橡皮艇。每艇可乘一个班官兵。其他各种各样渡河工具无法计数。我军数万人马强渡天堑，怒江助我有此奇迹。唐习山、大塘子阵地是日军守江的关键要塞。

远征军长官部终于接通前线电话，第五十三军周福成向卫立煌报告，该军已接防阵地完毕。日军受我军几次攻击后，力量明显减弱。我军炮兵无法过江，希望有空军支援，先摧毁敌炮兵阵地。卫立煌坚定回答，马上派飞机来，又缓缓说道，要在前线的盟军空军参谋尽量设法指引飞机认识地面攻击目标。周军长回答他放下电话亲自去办。接着电话又响，这次是第二十集团军报告，第36师受损很大，正在阵地后侧收集整理中，短时间内恐不能再战。卫表示第五十三军应受嘉奖；他即让第36师稍离火线整理补充，但不准从怒江撤回。

14日傍晚，远征军长官部接到前线报告，第五十三军正猛烈争夺唐习山、大塘子阵地，有夺下日军阵地的可能。第36师已按指示转移至前线近侧的凹子寨收容整顿，稍事整理后将在高黎贡山边的恒山地区集结待命。

5月20日，强渡怒江的各部队已血战九日。日军在怒江与高黎贡山之间的大据点唐习山、大塘子、马面关均被我包围，但日军负隅顽抗，战斗甚为激烈。

▲强渡怒江

在长官部参谋处例行汇报中，由情报部门证实，日军第53师团之野中大队5月中旬由缅北快速开进芒市。5月23日，第五十三军在大塘子、唐习山激战，至24日申时已将要地马蹄山占领。该军继续扩大战果，唐习山、大塘子、马面关日军阵地被我军摧毁。25日，第五十三军又分兵两路，其第116师向高黎贡山进军，目标指向南斋公房；第130师目标指向江苴街。高黎贡山海拔3374米。南斋公房在腾冲东北约100公里，是日军大据点。江苴街在腾冲东约70公里，是腾冲东面的最重要的据点，也是腾冲的东大门。第130师要走的这条路线就是传说中的那条捷径。

第130师且爬且战，一路向上，三天三夜，到达第一道山岭。日军在腾冲的守备司令部没有料到这里会出现奇兵，一时难以相信，到证实时已来不及组织有力的抵抗了。第130师再接再厉，又翻过一道道高山峻岭，跨越峡谷悬崖，穿行于原始森林和羊肠小道，边打仗，边修路。27日通过巴地、蛮里河天要隘。蛮里河天要隘是高黎贡山脉南北一条深谷，有雨则水深难渡，无雨则干涸。两岸悬壁陡峭，深不见底。山边松柏参天，不见天日。日军认为我军过不了此天险。第130师白天作战，夜间填沟平路，一段一段地把深沟填窄，再放倒几棵大树，终于可以通过。三天后，一鼓作气，奋勇前进，全部到达彼岸，再次大出日军意料。

强渡怒江的各部队都已达到预期作战目的。新39师加强团已于5月17日前后经激战拿下了敌在惠仁桥与腾龙桥间之重要据点红木树。腾龙桥是通腾冲公路的重要桥梁。是役歼敌千余人，日指挥官中村次郎少将旅团长被击毙。自强渡怒江以来，我军伤亡已达4000余人，美军联络官也伤亡10余人。

某日，卫立煌听取参谋处每日综合汇报，当听到说预定渡江部队预2师主力及师部因是第二十集团军预备队尚未渡江时，卫指示参谋处严令该部立刻渡江，向前线靠拢。

美Y部队司令官多恩，到卫办公室祝贺我军渡江成功，预祝取得更大胜利，同时问问他能做点什么贡献。卫立煌说第五十三军仰攻高黎贡山，当时是轻装，现已打到江苴街东线，最要紧的是补给。没想到道路这么难走，山上又有所谓的瘴气。作战部队冲过去了，但补给部队身负重荷，病伤情况很严重，一个团到后官兵伤病过半，若再返回还要伤亡。结果他只好命令该团所剩官兵不要回来，全加入第五十三军为作战部队。因此，想请盟军出动飞机，用空投办法补给。此法我军尚未用过，好在现在各团都有联络官，该是实际运用的时候了。多恩听后，先是深受感动我军为供应补给官兵伤已过半，后是表示决心支持。中国远征军大规模空运补给从此开始。

第五十四军向北斋公房前进，到达高黎贡山顶小平河地

▲美国飞机在空投补给

区，供应也成问题。远征军长官部再与盟军联系，调动新近到达的最新型 C－46 运输机从保山、云南驿陆续起飞，空投给养。C－46 运输机载重量为 5 吨。

在高黎贡山作战各部队起初对空投给养没有经验，生怕空投靠不住。后见飞机空投效果很佳，天气好时，一天内就可补足一两个补给量，大大超出期望。在以后的作战中大多数指挥官都不再操心给养问题。官兵都盼有好天气，天气一好飞机就来空投，官兵都以此为乐。

我军强渡怒江后，远征军长官部严密注视日军第 56 师团司令部、日军第三十三军军部、日军缅甸方面军的反应，对以上三个方面的大小反应都加以分析判断。经长官部参谋处和卫立煌本人与前方将领以及盟军互通信息后，反复研究得出综合判断：

一、日军第 56 师团司令部低估我军力量，低估我军反攻的决心。

二、在密支那的日军第 18 师团确已被我驻印军牵制，自顾不暇。第三十三军本多军司令官不敢轻动，恐怕失去重镇密支那。本多军司令只有严命这两个师团顽抗死守，见机反击。

三、日缅甸方面军司令官河边正三把注意力过于集中在对付其西面的英印军和北面的中美盟军。他的注意力一时调转不过来。他还不想调其机动部队第 2 师团。他还把希望寄托在松山师团长这位要把滇西变为练兵场者的身上。

四、第 56 师团主力未受大损，现于战场某处隐蔽，等待有利战机。这是该师团长的失策，这提供给我军充足的时间做积极活动。（情报证实，松山师团长不在腾冲也不在芒市。）

据此，远征军长官部及卫立煌均认为，此时我防守部队三个军若从惠通桥下游陆续过江，目标分指松山、龙陵、芒市日大守备区，日军主力一旦出现，我军便有足够力量将其包围歼灭，滇西反攻可提早胜利结束。在我主力部队顺利过江后，日军第2师团即使赶来，也不足为患，我军可将其分隔包围，逐个歼灭。

于是，卫立煌及长官部各部门连夜采取紧急措施：一、通过美军 Y 部队，要求驻印军积极向密支那挺进。另外希望其在孟拱作战部队尽力牵制第 18 师团主力，使其不能分兵。二、要求敌后游击队和少数民族游击队加强监视敌大部队活动情况，随时向长官部报告。三、向重庆军委会报告，目前，有利战机，稍纵即逝。远征军长官部要求适应敌我态势变化，修改原方案，以提早结束滇西反攻，第十一集团军全部渡江开辟惠通桥以南战场。将原已过江之第二十集团军称右翼军，将过江之第十一集团军称左翼军。向蒋介石委员长报告之责由卫立煌与委员长按约定用电话请示解决。

此后，远征军长官部向重庆军委会报送大量统计报告、分析报告、敌情判断说明（飞机送）。卫立煌和蒋介石之间电报与电话频繁往返。由于战机稍纵即逝，蒋介石终于同意战机不可多得，问卫何时可完成必要的准备。卫答五月末。蒋说，现在是敌前变更部署，全军过江，全面攻击，责任太大了。卫又答他愿负全部责任。

卫放下电话后，即请美 Y 部队司令官多恩来谈，卫首先向多恩说明改变原方案的原因，然后请多恩将此信息派人告知驻印军指挥官，暂时不要用无线电。日军现在也倾力侦听我方通信。多恩听后，表示完全理解，又表示他回到办公室就派人去向史迪威将军面传信息。多恩准将是史迪威将军的支持者。

中国远征军全军过江，全军出击的准备是在极为严谨、快速、果断的精神指导下进行的。远征军长官部官兵在卫立煌的要求下，全力以赴支持各部的准备工作。从 5 月 21 日至 5 月末短短九天时间内，各部队完成了必要的准备。

原先强渡怒江各部队的战斗在全军大准备时仍照常进行。第五十四军一部攻克界头镇，稍后又攻克冷水沟。以上均为去北斋公房的要道。第五十三军第 130 师已将江苴街东南之 5186 高地占领。此高地驻有日军炮兵。

5 月 29 日，抗日战争新的一页开始。

中国远征军第十一集团军之第七十一军、第六军、第二军备部队由惠通桥南之攀枝花、迄罕拐之间的各渡口纷纷强渡怒江。攻击主要目标分别为松山、龙陵、芒市。据日军战后资料透露，当日军得悉我全面渡江大举截时，心理上受到极大打击，一时间举足失措。

渡江各部队，团结一致，勇敢向前。三日内全部渡过怒江。怒江再次记下了炎黄子孙的不朽功劳。

5 月 31 日，右翼之第 130 师经战斗后抵达江苴街东线，就地警戒休整。突然间远处丛林上空鸟雀纷飞，第 130 师遂即看到大队人马在丛林中移动，立刻进入作战准备，号兵吹号要求答话。经双方号兵对答，原来是本军兄弟部队第 116 师。两部队在高山会师，格外高兴，一时间欢声四起。

克松山炸药爆破日军上天

　　松山是高黎贡山的下段，海拔2260公尺，东距怒江惠通桥31公里，西去龙陵45公里，由大垭口进入滇缅公路，是控制滇缅交通的咽喉，战略位置十分重要。

　　日本侵略军于1942年5月5日强渡怒江失败后，第56师团渡边正夫中将师团长命113联队松井大佐带领两个工兵大队，并在缅征集3000民夫，在腊孟至松山大垭口的7公里两侧，修筑永久性防御工事，总面积约六平方公里。主堡垒都是三层：上层瞭望射击；中层住人和生活区；下层储备弹药粮食油料，还有发电站、抽水站，设施一应俱全。主堡之间有地道，高宽各2米，15吨小坦克车和小汽车往来自如，再以成百个暗堡组成交叉火网，无一死角。交通壕四通八达，松山的炮兵阵地更坚固，火炮可电动升降，发射后即降下去隐蔽。建成后，被誉为东方的直布罗陀（Gibraltar），若有2000人守卫便可致5万人攻半年。

　　日本人不称之为松山部队，叫拉孟守备队，原因是避讳后任团长松山佑三的姓，亦免混淆。我军攻击松山，是从6月2日开始的。第十一集团军总司令宋希濂中将派第七十一军史宏烈副军长率新28师刘又军师长等，渡过怒江后兵分两路，一路抄到松山背后，截断松山通往龙陵的公路；一路以主力攻腊猛，6月4日攻克腊猛街。准备两路夹攻，一举拿下，但经十天激战，不但毫无进展，还造成很大伤亡。

宋总司令再派副总司令黄杰中将，率第六军的新39师，由新任师长洪行少将率领全师，接替第28师攻松山，第28师全部从松山背后围攻。从攻松山开始，在怒江东岸山顶马林寨的重炮兵7团、10团，就不断以105mm、155mm榴弹炮配合轰击。可炮弹落在敌阵地上仅能摧毁其表皮工事，对主堡垒等于搔痒，没啥用处。所以新39师从14日接攻以来，多次组织轮番进攻，次次都被猛烈的火网封住，牺牲很大，亦无进展。卫立煌长官心急如焚，因松山若打不通，已到前面攻击龙陵的四个师补给就难以送去，同时雨季已到，行动更加艰难。于是将驻扎在昆明附近的第八军调来增援。

▲松山战役炮兵部队

副军长李弥中将带着荣誉第1师（全由伤愈归队的老兵组成，故称荣誉师）先到，主力去支援龙陵，师长汪波少将于

20日以四个营接替新39师后，立即组织进攻松山，从松林坡开始，一步步逼向主阵地，可伤亡不轻。这时，何绍周军长（何应钦的侄子）也带着第82师、第103师赶到，以一个军的力量全力发动进攻。15日已攻到离两个主阵地四五百米的地方，几次冲锋都被暗堡火网扫射，伤亡很大，只好构筑工事对峙，双方狙击手见头就打。25日发动全面总攻，先集中全部炮火，几乎把所有地面阵地夷为平地，步兵立即推进，公路两侧干线阵地，只剩下长500米、宽200米狭小的一块了。这时日军只剩下300来人，113联队松井联队长电令其副官真锅大尉作最坏打算（即焚毁文件、军旗）。

　　8月的头两天，第82师王伯勋师长指挥拼死攻击松山炮兵阵地，至7日占领。第103师熊俊春师长先指挥炮兵密集射击后，迅速将路东表面阵地全部夺下。但日军佑义夫炮兵大尉指挥的士兵仍坚守松山第二、三层地堡，无法攻取。8月初，何军长就召开作战会议，决定采纳李弥建议："用爆破法从下边端他的老窝。"于是立即开始由工兵营昼夜挖掘隧道，经半个多月努力，隧道掘通了，百米主洞，再分两条支洞，直到主阵地底下的中间，装进两车TNT黄色炸药，一切就绪，决定8月19日施爆。远征军长官部和美军联络官，都赶来观看这一历史壮举，11时引爆，三声闷雷似的巨响，如五级地震，山摇地动，松山阵地被凌空抛起，滚滚红烟，沙尘顿时弥漫整个山岭，数百观众欢呼雀跃："松山攻下了！"然而，主堡被轰，副堡犹存。金光守备队长还一连三次组织残兵，企图夺回松山阵地，均被击退，败回西山阵地和5600高地。

　　松山的松树已被炮火打光了，日军的工事已被我军摧毁，七零八落。我军包围圈步步紧缩，正用挖坑道作业向日军逼近。战士们个个奋不顾身，在猛烈的炮火中，英勇顽强，十字镐与圆锹齐飞，泥土被甩出地面，好似雪片飞舞。日军最后这几个据点最难打，前几天一直与我军对峙，双方都寸土必争，肉搏频频。日军的工事是凭着山势修的，很隐蔽，射击口不停地吐出火舌。围攻松山的我军主力1万余人，就眼前可以看到的有五六千人在战斗。

我军精神旺盛，官兵们生龙活虎。我军炮火力量加强，机枪往前移，封死敌军的射击孔，敌军的射击孔火力明显减弱。卫立煌又和战地指挥官说，是持冲锋枪和火焰喷射器射击的战士向前进的时候了。日军的工事虽然是弯曲的，可是我军的火焰喷射器厉害，即使烧不着他们，也能耗掉工事内的氧气，使他们缺氧。人缺氧30秒钟就不能瞄准，缺氧1分钟就成半昏迷状态。冲锋枪是当时最佳的武器，威力极大，只是射程短。冲锋枪部队一旦跟上，大大加强了轻重机枪的威力。火焰喷射器部队见此机会，一拥而上，见洞口就烧。日军招架不住了。

▲中国军队在松山的滚龙坡

9 月 5 日，荣 1 师和第 82 师再分别攻这两个据点，直打到 6 日下午，金光少佐战死，真锅大尉代行指挥，还派木下中尉等三人执书逃出阵地，到芒市向师团长报告情况。7 日他做完善后工作——枪毙慰安妇、打死重伤员、销毁文件，然后自戕向天皇"报告"去了。这些是从那个未被打死的慰安妇口中得知的。

松山战役从 6 月 2 日开始到 9 月 8 日结束，历时三个月零七天，远征军动用了五个步兵师和工兵炮兵等共 5 万余人，死、伤、病 2 万余人，代价极大，这不是远征军作战不英勇或战术不对，事实证明是日军的据点工事构筑得十分坚固。

消灭顽敌千年古城化灰烬

腾冲古称腾越，从汉唐以来就是华夏"南方丝绸之路"的边陲重镇，历史名城。明洪武年间，沐英将军用特坚青石，筑成这座城墙高 7 米、厚 4 米，约 4 平方公里的名城，腾越因此成为腾龙边区八属历代首府，政治、经济、文化的中心。因地处要冲，而被改称为腾冲。

腾冲东越高黎贡山跨怒江，到保山 168 公里，南过龙川江到龙陵 80 公里，西经梁河、盈江至缅甸八莫（Bhamo）约 200 公里，北至密支那 217 公里，地理位置十分重要。加之物产丰富，民情风俗淳朴，早就为英殖民主义者所觊觎。他们屡次寻衅入侵，均为边疆人民所驱逐。

1942 年 5 月 10 日，日本侵略者的铁蹄从缅甸踏到腾冲，处心积虑地妄想永久霸占这座海拔 1632 米、风景优美、气候温和的边陲小城，不惜驻扎重兵把这座本来就很坚固的城池变成日军在滇西最大的守备司令部。基干部队为藏重康美大佐之 148 加强联队。藏重大佐因 1942 年率部最先到达我怒江，在日军中小有名气。腾冲地区的各军医院、军属机构和由怒江沿岸据点撤回之官兵加上守备区司令部官兵，能投入作战的官兵约 7000 人。另修碉堡，掘战壕，街街通地道，室室有地堡，数千人用两年多时间修成了一座坚不可摧的防御力极强的城市堡

▲腾冲全景

垒。第56师团长松山佑三视察后妄称：凭中国军队的装备，10万人一年也难攻破！

为攻克腾冲，远征军长官部在卫立煌的要求下已研究了多种方案。基本方针是先将腾冲严实包围，彻底孤立日守军，消耗其给养，动摇其意志。动用空军依次轰炸其弹药仓库、粮库、饮水储备池。第二是空中打击，摧毁其全部地面设施，包括全部营房和办公建筑；待我炮兵部队逐步到达后，逐个摧毁其防卫重点；工兵部队运用盟军新型黄色炸药，依次爆破其暗道、暗堡。待以上各步骤奏效后，我步兵部队再依战术要求步步缩小包围圈，以全歼日守军。

腾冲向南约2000米为来凤山，此山高约2000米，向西三四千米为宝凤山，向北约4000米为高良山，向东北约2000米为飞凤山，此为日军四大坚固阵地，其中最重要的来凤山，登之能直接俯瞰腾冲。日军郊外阵地与腾冲城有地道可通。来凤山靠城之南端，高约 500 米，南面坡陡，北面倾斜，火力网能控制全城。

7 月 26 日，远征军右翼军对腾冲攻击开始，空军以战斗机、轰炸机混合机群约 60 架进行扫射轰炸，同日又以一日 5000 发炮弹的炮击和大量火焰喷射器喷射，目标指向来凤山，开始了第二次总攻。在我军的勇猛攻击下，日军守军非死即伤，残部向城内集中。7 月 27 日傍晚，来凤山为我收复。于是，战场便由外廓高地线直接转向争夺城墙战斗。

▲远征军将士攻入腾冲城

我方先以 60 架次飞机轰炸扫射，再炮击 3000 余发，然后步兵猛攻。第 36 师首先以炸药包爆破城墙，以平射炮、火焰喷射器封锁枪眼，直打到 3 日中午才打破西南角的一部城墙，毁坏了碉堡，冲进城内。日军组织力量进行夜袭，我军又退出城外。

5 日，15 架 B－25 飞机炸毁城墙 13 处，我军乘机大量冲入城内，但到处是地堡，火力甚猛，经激战后又被迫撤出，城墙缺口又被敌人连夜堵上。

6 日，再以 32 架飞机轰袭，第 36 师和预 2 师一部再次攻入西南角，连续三天逐屋争夺，日军倾全力向我军 108 团反击，我军立脚不住，退了出来。东南各处也同样几次未能攻入城内。

8 月 13 日，日军首领藏重康美等正在英国领事馆地下室召集军事会议，突然飞来 51 架飞机，进行地毯式的轰炸，一颗 500 磅的重弹，正落在领事馆的小洋房上，插进地窖把正在开会的 32 名军官全部葬在一起，只剩下联队副官太田正人大尉

▲1944 年 8 月下旬，中国军队冲入云南腾冲城后搜寻残余的日军

一人，他就成了当然的继任守备队长。日军的覆灭命运早已注定，这次的重创则加速了他们的灭亡。19日，我军第三次进行总攻，采取步步为营战法，攻下一点即坚守不让。21日再用百架飞机狂炸，发炮15万发。22日，第198师主攻西门，占领原领事馆。

东南城亦大部为我军第116师和第130师攻占。8月31日至9月1日，城东南角全部攻克，日军只剩下约一半的城内地盘，兵员也减少到350名了。8月5日我军再次发动最后攻击，把残兵压缩到城东北角的联队本部周围，11日太田大尉烧毁军旗和最后的重伤员，枪毙慰安妇，做完一切后事，于13日带着仅存的几十颗手榴弹和轻伤员，作自杀性的冲锋，全被撂倒在街上。

我军打扫战场时发现有上百具日军尸体腹部被剖开，断定其系自杀。卫立煌与前线指挥官通电话曾问及能否查清敌军遗体的官衔、职务等。后据前线汇报，敌尸体有的被炮火炸得残缺不全，有的被火焰喷射器烧焦，有的被日军自己火化，又无活口，一时难以辨明。从遗留下的军刀、军衔标志分析，其司令部成员全部阵亡。

又据远征军长官部总结，腾冲日军基干为148加强联队，代号龙字6736部队，指挥官藏重大佐8月中旬中弹阵亡，最后指挥官为太田上尉。腾冲是日军在滇西最大的流血区，城内各兵种和军属机构及其他支援官兵约7000人全部阵亡。由我军监听台记录判断，9月12日6时，日军电讯中断。按日军传统，发诀别电同时就烧去军旗，以后便是自杀性的各自为战。腾冲日军守备区总指挥官为少将旅团长。另有日军百余人（后判断系基干兵种）在12日夜，乘黑爬出阵地，落荒而逃，在腾冲东南龙川江方面，被我兵站守卫发现。该站长集合仅有的十几人，步枪六支，截击逃敌。正在激战中，我第五十四军警卫团追踪赶到，敌见逃脱无望，全部剖腹自杀。

9月14日，霍揆彰总司令向卫立煌发出电报：昨日全面收复腾冲。至此，腾冲被日军强占蹂躏了两年零四个月，终在我军强攻下收复，可原来的美丽腾冲城已不复存在了，只剩下一片断壁残垣，一片荒凉。这场激战历时五十天，敌人伤亡5000多人，这是侵略者的可耻下场。可是中国军人死伤1万余人（包括预2师少将团长李颐、第二游击纵队司令黄福臣少将及团营、连、排长百余名），民众亦死伤近两万人，财产受到极大损失，这些罪债，都是侵略者欠下的。

战龙陵日军主力溃不成军

8月上旬，远征军长官部又一次调整龙陵前线我军部署，新28师主力在古泽山、第87师主力在六山、荣1师一部在北山、第87师的一部在东山、新39师在西山重编，一山、二山的日军阵地各正面分别展开作攻击准备。8月14日天明，全部火炮开始猛烈攻击，且在战斗机、轰炸机34架配合下，开始了全面攻击。

我军在龙陵前线对敌展开猛烈攻击，激战终日。空军部队全力作战术支援。敌之获尾大队被击溃。据战后日军文件记载，大队长获尾是日被我空军炸毙。

9月3日拂晓，龙陵前线之日军攻势开始。第2师团在原滇缅路右侧行动，攻破龙陵东侧我军防线，前进到龙陵东北地区。第56师团在公路西侧，前出到龙陵西北侧地区。

我空军部队不顾敌军猛烈防空炮火，连续低飞在敌进军路线上空侦察。据侦察照片显示，龙芒公路上尽为日军机动车辆，公路两侧为一字长龙步兵行列。据日军战后资料透露，此次作战之炮兵部队为第三十三军直属炮兵，除第2、第56师团主力外，新增部队为第49师团吉田部队三个大队和工兵一个中队，总共2万余人。军炮兵配备150mm榴弹炮两门、75mm山炮一个（属第49师团）。

▲中国骡马运输队正在将榴弹炮运往龙陵前线

　　远征军长官部在掌握敌情后，首先命令前线各部队严阵以待，做好充分准备。然后，派遣强有力的空军部队沿敌军来路，轮番攻击。龙陵前线指挥部告急电报雪片飞至长官部。龙陵前线如此告急，重庆军委会办公厅、委员长侍从室、蒋介石本人均每日来电话问卫立煌前线情况。卫立煌回答原则如下：一、敌军增援部队前来早有察觉，已严令前线部队据工事用火力拒之，弹药不成问题。二、缅甸增援部队为第2师团全部，这是该方面军的全部机动兵力，再无余力了。驻印军正由密支那向南推进中，八莫指日可下，缅甸日军自顾已有问题。这次日军前来是偷偷摸摸来的，退路已被我空军封锁。留下一些重要桥梁是考虑将来我军反攻时还要用的。三、腾冲指日可下，日军半边没有了，心理上也会崩溃。右翼主力都可分批赶到左翼。我要用左翼部队去包抄日军，断芒市以南日军后路。四、松山没有能拿下来是出乎意料的，现正用全力去拿。现在松山日军也只能死守，他们的炮火对我去龙陵的运输线威胁不大了。我们绕过他们的火力射程。五、第十四航空队的战机有很大一部分已用于国内其他战场，第十四航空队是中国远征军战斗序列内的，当此紧要关头请暂时让他们归回本建制。六、龙陵前线为第七十一军主力，由宋希濂自己指挥，他们应能据守。在敌的侧翼还有我第六军、第二军。也就是在芒市与龙陵之间，我们还有两个军，这对增援日军的威胁很大。

日军拼命在龙陵前线作战，是要把龙陵的我军包围圈打破，里外合一，整顿部队后再救松山敌军。我军不能丝毫动摇。可是远征军手上已没有预备军了。右翼部队警卫营、办公人员都上了前线；左翼部队伤亡大，能上前线的也都上了前线，团长在前沿阵地上比比皆是。美Y字部队官兵也都是能上前线的都上了前线。

要有生力军才能给敌以有力打击，第200师本是远征军战斗序列部队，他们远在昆明，在杜聿明第五集团军掌握中。这是国军中唯一的机械化部队，是蒋介石的看家本钱。没有蒋介石的同意谁也调动不了。

自8月中旬至9月初，龙陵会战自始至终激烈异常。据长官部情报处报告，日军第三十三军战斗序列为第18、第56、第49、第2、第53共五个师团的兵力，除第56师团原在我滇西外，其他师团之兵力，凡能从缅甸抽调的均已偷偷进入我滇西战场。日军第2师团的部队代号为"勇"字，到达我滇西战场的兵力万余，该部队战斗力很强。太平洋战争开始后它在东南亚转战，在印度尼西亚登陆，大杀当地群众的即是这支部队。

据战后日军资料透露，9 月 10 日后，日第 49 师团步兵168 联队加入第 56 师团战斗序列。这说明日军把所能调动的兵力全部搬出来了，做拼死一搏。

当此紧急关头，蒋介石终于同意将第 200 师调往保山，投入第一线战斗。第 200 师先前只获得准备命令，现在得到行动命令，为尽快赶到保山集结待命，立刻用电话向卫立煌报告听候指示。卫立煌为使其早日到达保山，着其准备好一部即一部行动，沿途油料补给按原计划在大机场兵站补充，预计一周时间可全部到达保山。由保山再到具体作战区有两三天即可。远征军长官部自获得这支预备兵力后，即向前线传达消息，以励军心。

龙陵城内日军凭借半永久工事死守顽抗。

远征军长官部与前线指挥部联系后，仍采用原已初步拟定之作战方案。先由空军作战略性轰炸，飞机由云南驿、保山起飞，猛炸敌军可能来路，将芒市东南 45 公里内日军可能隐蔽之村庄（村民早已避入山中）及畹町到腊戍所有桥梁全部炸毁。这次战略轰炸使敌想以芒市为中心再作垂死挣扎的物质条件大受损伤。

前敌总指挥部新班子在作例行每月战斗总结时向长官部报告：前次由芒市至平戛之日军，现已查明系日军第 49 师团狼字 1874 和 1875 部队，2000 余人，属第 49 师团之 168 联队，指挥官为吉田四郎大佐。报告又说道，据日军现有态势分析，其所谓"断一期作战"已被我军粉碎。

空军轰炸任务告一段落后，主攻龙陵部队第七十一军军长陈明仁，总结过去使用炮兵不当的教训，重新配置炮兵，集中使用，以充分发挥其威力。黄杰总指挥因此又抽调其他次要战域地区部分炮兵部队。这样一来，在龙陵前线我军重炮已超过一百数十门，炮兵阵地很为壮观。

远征军长官部此时前后不断收到各野战部队报告，要求补充营、连、排级带兵官，中央嫡系部队按常规此三级黄埔生得占九成，长官部一时无法解决如此众多黄埔生，于是卫立煌说，大敌当前哪能顾到这些，各部队的缺少部分（黄埔生）可由本部队的官兵中自选。此意见下达后，第五十三军最为赞成，其他部队也都同意照办。士兵伤亡也很多，新兵来源也成问题。远征军最反对强拉壮丁，所幸远征军各部队的军医系统较完善，伤兵恢复较快，重新归队后已是有经验士兵。伤兵归队数占全国各战区之首。长官部又与地方商量，就近招收一部分青年，于是士兵补充问题得到缓解。

10月5日，日军突然停止各项活动，出现非常少见的沉寂。我前线指挥部发觉后立刻向长官部报告。

10月6日，远征军长官部情报部门奉命速查其原因。

10月10日前后，我情报部门已证实，日军大本营决定撤换缅甸方面军司令官河边正三中将及其全部幕僚。新任指挥官为本村新太郎大将、参谋长为田中新一中将。老班子被撤换的主要原因是指挥上诸多失误，问题发生后又互相推诿责任。新老班子大换班，前线暂停重大活动是理所当然的。远征军长官部判明敌动态后，卫立煌再召集军事会议研究策略，会议一致认为因当前急务，应集中一切力量迅速消灭龙陵日军，收复龙陵。据日军战后资料透露，1944年7月29日—10月5日为在我滇西的"'断'第一期作战"。这与我军以上分析判断其为接近。

10月中旬，远征军收复龙陵的总攻准备基本完成。长官部对龙陵前线的七个师补充完毕。黄杰前敌指挥部对龙陵完成了三面攻击的兵力部署。我第200师、第36师、第87师、第88师、第31师、第95师、第33师均已到达指定位置。三面进攻，放开一面是孙子兵法的原则。远征军长官部为龙陵前线我军顺利总攻，炮弹供给已超过原订的两个基数。又因第五十三军在腾冲作战已尽全力，现正向敌西侧运动，补给问题时有困难，经长官部兵站多方努力，终于保证了该军粮弹都有余裕。

卫立煌这时常对参谋人员说，松山佑三师团长已吃尽苦头，是名副其实的败军之将。败军之将不足以言勇，他心理上已崩溃了。他要向缅甸请援也不太可能了，最大的选择是保全力量，退守中缅交界处，仍阻我打通国际通道。我们今后，要着眼于不让他保全力量，消灭他的力量。

稍后，黄杰前敌总指挥向卫立煌报告：一、直接攻击龙陵城区的我军四个师都已在指定位置展开；二、切断芒市与龙陵交通的我军（第87师、第76师、第95师、第33师）也都在一两天就位。第9师用于直接攻击芒市。割断芒市、遮放敌交通联络的为第82师224团。第五十三军已在敌两侧迂回包抄。以上各部队都是有作战经验的部队。空军配合和炮兵支援的战术细则也与各部队研究妥当，约在10月下旬可开始总攻，现已下令各部队于10月25日完成必要的准备。卫立煌听后表示满意。新班子上台后，表现就是有所不同，锐气奋发。

10月29日，我远征军总攻龙陵开始。我强大空军和炮兵猛烈攻击，摧毁敌芒市与龙陵的交通线。敌人低估了我地空配合作战能力，因而伤亡惨重。未几，日军即陷入各自为战境地。据我军报告，日军守卫顽强，因无上级指示，只能各自为战顽抗到底，几乎无生俘者。

我在桐果园之第76师，为策应我军迅速攻下龙陵，向红崖山敌阵地猛攻。红崖山在芒市东北10公里，龙陵公路经过其下，为敌之战略据点。31日，经我军步炮协同、步空协同作战，终于合歼守敌，彻底切断了芒龙公路。11月2日夜，龙陵敌守军一部乘黑夜窜出工事向南落荒而逃，我第二军之第 9 师跟踪追击，在公路上与正在拦截日军之第 76 师会合，全力猛追在逃之敌。逃敌在接近芒市时，市内敌军出动接应，我军遂停止追击，待大军赶到后，将芒市东、北、西三面包围。

11 月 3 日拂晓，我军攻入龙陵市区，在扫荡残敌时，又与日军血战。5 日夜，我军终于扫清残敌，枪炮声逐渐沉寂，龙陵复归于我。后方各大报刊连夜发出号外。我军自 9 月 29 日至 10 月 5 日，六个昼夜与日军血战。中外随军记者目睹我中华健儿英勇杀敌壮举。我军前后伤亡官兵近万人。

▲1944 年 11 月，中国远征军攻克龙陵。为庆祝胜利，中美盟军在龙陵举行了盛大的升旗庆典活动。

日军战后资料说："第 56 师团于 11 月 6 日夜，永远放弃了宿命之地龙陵。"

收复畹町远征军再出国门

    中国远征军长官部继续贯彻攻克芒市作战方针，因盟军空军的协同作战问题、我军炮弹供应量问题顺利解决，卫立煌与长官部各部门尤其是参谋处一再研究，可否命令南下之第五十三军仍由西包抄芒市，尽早消灭日军残存力量，尽早结束反攻战役。

    长官部参谋处稍后向卫立煌报告，第二军之主力部队已逼近芒市。日军在芒市北面为神保贯逸大佐之148联队（再建）；芒市东地区为松井秀治少将之113联队（再建）。两支部队均据工事顽抗，尚无逃跑迹象。就在这时，我军翻译组向卫报告他们与美军Y部队交换信息时，其中有一份9月19日美国罗斯福总统致蒋介石电报，即史迪威将军走进会议室当面交蒋的电报。蒋介石当时正与赫尔利大使、宋子文、何应钦、白崇禧、朱世明等开会。蒋认为这是史刻意策划要当面羞辱他，从此与史决裂，蒋坚决要美国撤换史迪威将军。史接调令回国时，蒋赠以国民政府最高级别的青天白日勋章。史略经考虑，随手将勋章退回蒋。

    卫立煌得悉以上消息后，甚感为难，立刻请他的高参室主任面商，经研究后决定中国远征军长官部对此保持沉默，因为此事自始至终与中国远征军指挥部毫无牵连。

    魏德迈将军继史迪威将军任后，在印度与重庆间来回奔波，又经过许多曲折，我驻印军和美军索尔登指挥的一个旅才继续前进，新 38 师于 11 月 8 日围攻八莫。八莫是缅北重镇、计划中的中印公路必经之路。

▲1944 年 12 月，商震（左四）、魏德迈（左五）、卫立煌（右二）在云南保山中国远征军长官部。

在滇西的美军，包括安装中国境内汽油管道的美国工程人员，都对我军肃然起敬，刮目相看。只要看到是中国军人，就翘起大拇指叫："顶好，顶好！"凡是我国军人出差在路上走，只要举手示意，美军车辆就会停车欢迎搭乘。

左翼王凌云第二军一部自 8 月中旬已向芒市进逼，但处处遇到日军抵抗，进展不大。远征军长官部因之与黄杰总指挥交换意见，遂决定以陈明仁第 71 师、黄杰自兼之第六军再接再厉，略事休整即向芒市前进，不给日军以喘息之机。前敌总指挥部即发布命令，着第七十一军及第六军挟攻占龙陵余勇向芒市运动。

芒市东北之日军回龙山阵地位于三台山脉系，阵地为环形，阻我军前进。卫立煌与阵明仁军长研究对策后，决定先用空军战术再用炮击战术，务先将敌之坚固工事软化，后再投入步兵。过去每当我炮火停止后，日军都由地下工事跑出，据守于战壕。因此我军这次在预定炮火攻击后，计算日军该已全部跑出，我炮兵又开始轰击。日军在炮火猛烈轰击时，不知所措，结果大部均被我击毙。此战术行之有效，我军多次采用之，回龙山阵地终为我军攻下。

第五十三军奉令南下从西面包抄芒市日军主力之际，远征军长官部情报部门向卫报告，遮放北约12公里之下寨和遮放西北约12公里之战线出现日军第49师团之吉冈部队2000余众。长官部参谋处判断，此乃日军怕我第五十三军包抄合围，因此抽调此部队以阻挡第五十三军。于是长官部即令第二军抽出一部迅速由东向西对该敌侧击，如与第五十三军取得联系则对该敌包围后消灭之。又据长官部参谋处向卫汇报，我军现已逼近芒市外围的部队有第七十一、第六、第二各军，包围芒市日军已具备条件（遮放在芒市西南）。

芒市坝南北长约30公里，东西宽约30公里，物产丰富，其中大米最著名，丰收一年可供三年之用。滇西公路经过芒市，又是当地群众物资交流中心。日军除第56师团团部直属约一个联队，尚有146联队一部，第2师团之29联队一部，第53师团之搜索联队及各逃回之残部。已集中到芒市的日军经补充与调整仍有相当战斗力。

11月19日午夜，前敌指挥部电话向卫报告，芒市日军有撤逃迹象。顷刻间，第二军王军长来电话说日军残部不顾死活冲出我军包围，向南落荒而逃。市内尚有少数日军据工事顽抗，我军正在扫荡中。

22日午后4时，前敌总指挥部黄杰向卫电告，第二军之第9师已消灭市内日军，收复芒市。卫立煌收到捷报后，着长官部向前线部队发嘉奖令，通报全军鼓舞士气。稍后，前敌指挥部又电告，搜查中发现第 56 师团部所在地下室内地图、文件散落满地，显然系临时决定撤逃，来不及烧毁。据种种迹象判断，日军主力及松山师团长必由山路小道逃向遮放。遮放与芒市间日军有既设工事。

第五十三军抄敌后路，虽未及合围，却已将芒市大河两岸残敌肃清，迅速进入遮放西南地区。远征军长官部又电令芒市我各部大军，略经修整均向遮放进军。第二军之第 76 师于 24 日攻克敌据点孟戛。

11 月 30 日，我驻印军一部经过八莫，沿南坎公路向前推进，其余部队继续围攻八莫。八莫在缅北的密支那南约 150 公里的伊洛瓦底江畔，是缅甸境内的要镇。

▲1944 年 11 月上旬，驻印度的中国军队从密支那进攻八莫，并于 12 月 15 日攻克八莫。图为中国部队炮击八莫的日军阵地。

第五十三军由西面包抄遮放日军的战略行动,对日军心理威胁极大,各小据点日军均惊慌万分,由芒市撤逃。日军为尽量保全力量,采用逐次退却战术。我第六军此时也离开大路,绕道东面小道从东面包抄遮放。芒市与遮放间之各日军既设阵地奉命死守,给我军造成很大困难。我前敌指挥部当与长官部密切联系请示,为减少我军之伤亡,我长官部决意略缓步兵行动,再用我军行之有效的空军攻势和炮兵攻势。于是空军与我炮兵发挥强大火力攻势,日军各主要阵地顷刻间成为焦土。

第五十三军与第六军要合围遮放日军,须先扫除日军遮放外围之既设阵地,但日军既设阵地均为半永久性钢筋混凝土建筑,逐一扫除非短时间可办到。长官部接前线报告,当即开始研究,经卫立煌与各指挥部门商量后,发现日军既设阵地之间的薄弱环节,其弱点多在各阵地衔接处。长官部据此通知前线指挥官派官兵侦察落实之,随后不久即接前线侦察结果:敌阵地间果有漏洞可乘。于是,第五十三军、第六军即派有力部队由敌阵地间隙处入敌纵深,目标为第56师团在遮放指挥部。

同日夜,黄杰前敌总指挥电话向卫立煌报告,遮放日军正在总撤退,仍是采用逐次抵抗撤退战术。卫立煌嘉奖我军勇敢,后即建议以机械化的第200师担任追击主要部队。黄杰马上去执行。

12月1日,我军收复遮放全境。

接下来,中国远征军将收复日军最后一个大据点,也即我国境线上的重镇——畹町。远征军长官部已电令前敌总指挥部,在准备收复畹町期间,各部队都要不断派出小部队与敌作战,不给敌喘息修整机会。总攻时间预定为12月26日。

前敌总指挥部接命令后,即积极研究收复畹町作战方案。第五十三军展开于龙川江西岸,警戒西南,阻敌由猛印之增援，相机渡过龙川江，截断原滇缅公路日军可能来路。第六军由公路向畹町。第二军为主攻部队。第七十一军为总预备队。第200师担任主攻畹町。

12月15日，我驻印军收复缅北重镇八莫。

26日拂晓，总攻开始。我炮兵部队以猛烈炮火先轰击日军工事，岩石为开，碎石荡开飞舞。空军部队也按计划轮番前来助攻。随行中外记者，一致认为此为抗战以来最壮观之景，纷纷写文报导。

畹町正面战役稳步进行时，在西侧抄敌后路之第五十三军在激战后扫除日军大小据点多处，进出龙川江南岸。第六军猛攻畹町前端最重要之日军既设工事黑山门。第二军连下敌六座阵地，接近日军据点九谷。

12月3日，远征军长官部正全力侦察第56师团指挥所的位置。情报部门终于由敌电讯往返中发现，敌指挥所隐蔽于畹町南4公里之曼坎，此发现得力于我监听部队。第56师团指挥部自逃出芒市后电讯沉默，前一两天又有电讯，我监听部队收到电讯波后，确认此即为第56师团的发报员手法。又经我测向台测定，于是查出发报源在九谷。曼坎离九谷很近。

畹町地区四周为石灰质大山，敌居高临下，工事又坚固，易守难攻。畹町镇位于瑞丽江的中缅边界我国一侧，森林茂密。镇内居民不堪日军骚扰，大多逃入山中。在畹町东北10公里处的回龙山，地势险恶，是畹町的大门，日军除有既设阵地外，配有一个加强大队据守。我军由第9师负责攻击，经浴血奋战，全歼日军，日军大队长剖腹自杀。畹町大门为我军打开。12月20日，黄杰转发远征军长官部卫立煌电令，着第五十三军从龙川江西岸迂回到畹町以南，第六军从正面，第二军从东南向畹町镇逼近。攻下回龙山后，又攻击日军另一既设阵地黑山门。日军拼死抵抗，我军遂由第200师、预2师及第七十一军主力全力攻击。

稍后，我前敌指挥部汇集前线作战各部队的意见向长官部反映，畹町守敌据工事死守，给我攻击部队造成很大伤亡。日军据点被我分割包围后，各自为战，据点被我军占领后，除战死者外，重伤员均自杀身亡。轻伤日军常身怀手榴弹狂呼奔向我军，在接近我军时，自己拉响手榴弹，欲与我军同归于尽。我军初不知日军情况，吃过几次亏，现在只要一见日军跳出阵地，立刻用机枪扫射，决不手软了。

卫立煌听完以上汇报后，立刻通知前敌指挥部暂停攻击，再调飞机60架作战术性攻击。我炮兵部队也从公路向前推移。

12月21日，畹町日军调动频繁，前敌指挥部注意到了这一情况，即刻向长官部汇报。长官部参谋处分析各路情况，其中有的指出日缅甸方面军已抽调第2师团之一刘联队和第49师团之吉田联队加强第三十三军之力量。这两个联队正以强行军速度进入我国境内。卫立煌接到上述报告后，即与参谋人员研究。当初我军唯恐日军逃跑，怎么现在反而增起兵来了，有点反常。卫又用电话与前线指挥官探讨日军的企图。初步分析判断，日军此次之增兵还是想延长畹町守卫时间，想尽量拖住我军会师，打通国际通道。我军之对策，还是以先拿下畹町，使外援日军失去依托，再分兵包围来犯之敌为上策。卫立刻将此意见通知黄杰总指挥。

由于我军对畹町继续总攻，日守军被消灭在即，日军增援部队未敢穿越我包抄部队防线，畹町内之日军命运已绝望。据日军战后资料透露，日军于12日21日结束"'断'第二期作战"，开始突围。

1945年1月3日，我围攻畹町部队分批由敌既设工事的薄弱环节突入敌内线，直捣敌炮兵阵地，使其依赖之炮火力量失效。

5日，我远征军一部攻克畹町以南的九谷。6日，日军由南坎开来军车4辆，运来增援部队200余人，与九谷厚阵地撤出之守军一个大队，另加炮兵一部，组织成新的阻击力量，对我九谷的第五十三军之第116师反扑，我守军予敌狠狠打击。我空军也迅速出动，作战术支援，至当日8时敌之攻势被我挫败。

17日，我军收复畹町境内之老街。日军残部疯狂抵抗。18日夜，南坎守敌山崎支队突围向南帕卡撤退。19日，我军收复畹町的新街。

在我军搜索日军阵地时，对九谷日军阵地尤为注意，以发现隐蔽的第56师团司令部。在搜索其地堡时发现有一处有日军军刀数把仍挂在墙上。经初步验证，其中有松山佑三师团长的军刀，刀把上刻有文字说明这是松山家的传家宝。

1月20日，我军各线部队再发动总攻。此时，我远征军约十五个师，驻印军约三个师均已在第一线作战。日军在我滇西一隅与缅北一角处于我军大包围中。据日军战后资料记载："日军（三十三军）已经没有采取任何计策之余地。预测军（三十三军）的命运也只有一周时间了。"

同日10时，前敌总指挥黄杰电话向卫立煌报告，我军现已占领畹町全境，全歼守敌。九谷以南尚有零星战斗。第五十三军之第130师攻克重镇孟卯。该镇与缅甸接壤，据当地群众说，此即诸葛孔明七擒孟获之地。又说诸葛孔明所谓之"深入不毛"是发音的误，孟卯与不毛音近，附近并无不毛之地。由此向前看去，全为丛林地带，千余年前当为洪荒密林，逃入其中绝难生存。

　　我中国远征军任务即将完成。胜利就在眼前。1944 年 1 月 22 日，卫立煌奉军事委员会命令率远征军各将领代表政府至畹町举行升旗典礼。我国旗重新飘扬在国土上，迎风招展。远征军就近各部队均参加典礼，中外记者、盟军代表踊跃参加此会。

　　典礼完毕后，卫立煌率长官部各领导及盟军代表和联络官同至第七十一军听取汇报和参观战利品。陈明仁军长、第八军新任军长李弥（何绍周调昆明任警备副司令）均说，在我军进入畹町镇内，打扫战场时，日军伤员有真有假，有的躲在汽车底下，突然向我军清扫战场的官兵射击。我军因之遭受了不必要的损失。日军的劣行，激起我军极大愤怒，又作第二次火力扫荡，因此日军无一生俘。在堆积如山的战利品中，日军的军刀、太阳旗、手枪特别是由千名妇女每人一针锈的"千人护

▲1945 年 1 月，盟军军官参观滇西反攻战缴获的日军武器装备。

身符"引起盟军的兴趣，卫立煌着李弥军长挑出一批送给盟军，盟军官兵回国均以拿到战利品为荣。卫立煌赠多恩战刀一把，太阳旗一面。多恩回国述职时，腋下夹着这把日军战刀，逢人便讲。当时盟军以此为荣。

克芒友两路大军胜利会师

1944 年 1 月 23 日，第五十三军之第 130 师与驻印军新一军先头部队在中缅边界取得联系。日军各据点之残部已各自为战，有的潜伏于丛林中狙击我前进部队。我各部队以分进合击之势向芒友挺进。第 130 师与新一军新 38 师 113 团会合后向孟卯以北、南坎以南之各高地扫荡，与敌激战两个小时后，新一军装甲部队开到，参加战斗。各处激战至 18 时，我第 88 师、第 36 师、第 9 师、第 76 师、第 87 师先后将各处残敌肃清。各师合力向芒友追击，战至 19 时 30 分，中国远征军与中国驻印军、美军部队会师于芒友与畹町间的南坎。据日军战后资料记载：1 月 24 日夜，第 56 师团终于向军部（第 33 师团）发出最后悲痛的电报，决定烧毁大部分积存的弹药，放弃阵地。

此时，在南帕卡的一刈联队已完全被包围，公路上到处是我追击部队。

此后两三日，我军全面扫荡敌残留兵弁，尤其注意搜捕松山司令官。1 月 28 日，前敌指挥部向卫立煌报告，我国境内已无战斗，全部肃清日军。胜利了！

1 月 29 日，中国驻印军司令部来电，通知中国远征军，第一批满载军需品车队于当日由利多出发，沿新开通的公路往昆明前进。

▲1945 年 1 月 27 日，中国远征军、驻印军在缅甸芒友胜利会师，中印公路与滇缅公路贯通，缅北滇西反攻作战取得完全胜利。图为中国民众挥舞彩旗庆祝中印公路开通。

　　至此，中国远征军收复滇西沦陷全部国土。中国驻印军全歼日军第 18 师团，中国远征军全歼日军第 56 师团，击溃来援之日军第 2 师团及第 49 师团，全歼日军第 53 师团及第 15 师团来援部队全部。少数落荒而逃日军，在丛林中爬行数日后逃到缅北；另有少数日军潜藏于缅甸密林中，多年后被缅甸当局逐个设法找出遣送回国。幸存最久的一人直到 20 世纪 70 年代末方被遣送回日本。幸存者说当时不信日军会投降，由此也可见日军当时执迷之深，顽固不化之程度。

　　据日军战后资料说，日军"'断'三期作战"在筋疲力尽的情况下结束。

中印公路通车远征军凯旋

中国远征军与驻印军、美军会师和打通中印通道，要召开庆祝胜利大会。卫立煌于 1 月 31 日通知已在畹町的周福成第五十三军第 130 师和孙立人新一军部负责在芒市大河西岸开辟一个阅兵广场，以供大会使用。2 月 3 日晚，赶来参加这次历史性大会的部队有：新一军全部三个师、第五十三军全部两个

▲中印公路通车庆祝大会

师、第二军全部三个师、第五十四军全部三个师、第200师、第六军一部及各兵种、各军事机构代表、盟军部队。新六军在1944年8月后，因日军侵犯独山，贵阳告急，遂大部空运回国。第八军在10月间调云南陆良、路南整训待命。第七十一军于攻克畹町数日后，突奉急命空运至贵州都匀待命。庆祝胜利大会场面壮观，参加人员达13万人许。

2月4日，庆祝大会开始，大会指挥官为新一军军长孙立人将军。大会气氛热烈，官兵精神面貌一新。

大会程序：

一、升旗，奏乐

二、阅兵

三、为阵亡将士默哀五分钟

四、宣读贺电：

国民政府贺电

军委会贺电

各战区司令长官贺电

美军统帅艾森豪威尔贺电

英军统帅蒙哥马利贺电

五、宣布受勋名单

六、中国远征军司令长官训话

讲话内容梗概是：日本大本营以5万之众的大军，盘踞滇西、缅滇边境两年有余，筑有半永久性的巩固阵地，打算死守不去，我军以九个月时间，将其消灭殆尽。尤其是腾冲、松山两战役，将日军的主力第56师团全部歼灭，取得了辉煌胜利。这是我们全体官兵英勇善战打出来的，是我们4万多伤亡官兵以鲜血换来的，同时也要特别感谢滇西群众的大力支援和盟军的协力。我们中华健儿向来不怕苦，不怕死，今后更要好好地团结起来，把日本鬼子全部赶出国土！

七、大会结束。

此时，空军编队飞行通过大会上空，飞机组成"中国胜利"四个大字造型。

2月22日，美国驻印缅军总司令索尔登将军正式宣布：中印公路通车，并开始使用。2月28日，中国政府正式接收中印公路，为此在畹町举行隆重庆祝典礼。国民政府代表行政院院长宋子文、中国远征军司令长官卫立煌、中国驻印军代表新一军军长孙立人、盟军代表第十四航空队司令官陈纳德、美军Y部队司令官多恩及各军兵种代表参加盛典。第一批车队由中印公路工程负责人美军皮可少将率领，徐徐通过畹町国境大门。该车队由利多出发，终点为昆明。我国被日军围困局面从此结束。

5月，中印输油管道开通。汽油是我国当时最急需的物资。我国首次用油管输油，大后方用油困难立刻得到缓解。中印公路起于印度边界的利多（孟加拉—阿萨密铁路终点的一个小城），越过巴塔其山脉的五千尺山岭，入新平。跨过更得宛河上游的辽阔凹地，再沿胡康谷地直到下游，趋孟拱河谷至密支那，由密支那再到八莫，经南坎与原滇缅路相接，然后经畹町、龙陵、保山、下关、祥云、楚雄到达昆明市。另一支线是由密支那到腾冲，再转龙陵接原滇缅公路。全长1500多公里，每月运输量超过6万吨，是原滇缅公路运输量的三倍多。油管仅此后八个月即输油10万吨，运量相当于原滇缅公路一年半的总和，与滇缅公路成为中国的两大动脉。

中国远征军的胜利离不开人民的坚决支持。在反攻期间，滇西人民出民工1520余万工日，骡马驮牛200余万工日。保山军粮运至怒江八湾后，腾冲人民踊跃抢运至前线，男壮力不够时，妇女往来于300多里的山路，在短时间内完成任务。中印公路中国段完全是附近民工抢修的。其他出力之处，书不尽书。在中国远征军血战期间，沿途人民主动抢运伤员，经常受伤或牺牲。人民为支援我军抢修工事，捐献木材等物资的数量更是可观。

陆军总部为奖励中国远征军，全部官兵增发两个月饷金。

▲1944年，腾冲的中国民工在修建腾冲到昆明的公路。

远征军主要将领

◎ 史迪威

约瑟夫·沃伦·史迪威（Joseph Warren Stilwell），美国陆军四星上将，出生在佛罗里达州帕拉特卡一个绅士家庭，是一位与中国有着不解之缘的美国人。1911 年 11 月，28 岁的史迪威在菲律宾服役时，曾来上海等地度假，这是他的第一次中国之旅。九年后，他奉命到中国工作了多年。1935 年至 1939 年，他担任美国政府驻华武官，其足迹遍及中国各省市，被美国军界称为"最精通中国和远东问题的军官"。1941 年 12 月 7 日，日军偷袭珍珠港，太平洋战争爆发，史迪威作为美国总统罗斯福的驻华军事代表，开始履行他职业军人生涯中最为艰巨的使命。

太平洋战争爆发后，中美确立同盟关系。1941 年 12 月，经马歇尔提议，由罗斯福批准，成立了盟国的中国战区，建议由蒋介石担任战区最高司令。蒋介石同意担任此职，但是要求罗斯福派一名高级将领担任中国战区盟军参谋长。根据马歇尔总参谋长的推荐，罗斯福总统决定派遣约瑟夫·史迪威中将来华。

史迪威将军"谙练东方旧情"，特别熟悉中国国情。中国军阀混战时期、北伐时期、日本在华北侵略扩张时期、日本全面侵华战争初期，他曾四次来华：

第一次来华度假是 1911 年 11 月，游走了上海、厦门、广州、梧州、香港等地。

第二次来华是 1920 年 8 月，就任驻华语言军官，在北京华北协和语言学校学习汉语。1921 年至 1922 年被国际赈灾委员会借用，先后担任修筑山西汾阳至军渡、陕西潼关至西安公路的总工程师，接触了各种社会情况，结交了各界人物，加深了对中国的了解。1922 年至 1923 年 6 月作为美国驻华武官处工作人员，视察和游历了中国东北、外蒙古、浙江、江西、湖南和苏联西伯利亚、朝鲜、日本。

第三次来华是 1926 年 9 月，出任美军驻天津步兵第 15 团营长。1927 年 5 月受美国驻华公使馆派遣，到徐州、南京、上海等地考察军情，尔后所写的报告受到嘉奖。

第四次来华是 1935 年 7 月，在北平任美国驻华武官，已晋升上校。1936 年先后考察广州、桂林、梧州、南宁、汉口、徐州、开封、洛阳等地。1937 年 7 月中国全面抗日战争爆发后，组织一个情报组，及时向美国报告战争进展情况；年底迁至汉口，翌年曾在兰州、台儿庄、长沙、重庆等地考察战况。

四次来华期间，史迪威曾担任过美国驻华武官等职，前后在中国驻了 10 年，中国话说得流利，也了解中国国情。根据美国陆军部长史汀生与中国外交部长宋子文交换的函件，史迪威将军享有以下权力：监督和控制美国对华军援事宜；在蒋介石统辖之下，指挥在华美军及可能拨予的中国军队；代表美国政府参加在中国的国际军事委员会，以及以委员长的参谋长身份行事，改善、维持和控制滇缅公路中国段。

1942 年初，日军威逼泰境，谋取缅甸，驻缅英军和美军向中国运送作战物资的唯一陆上通道——滇缅公路受到严重威胁。中国政府应英国政府请求和为了保证滇缅公路的畅通，编组了中国远征军，入缅作战。

1942 年 1 月 29 日，美国陆军部宣布史迪威来华除任中国战区参谋长一职外，还兼任美国总统代表、驻华美军司令官、驻华空军司令官、对华租借物资监理官、滇缅公路监理官等要职，负有指挥在华及印度、缅甸的美军，办理一切在华美国军援事宜，代表美国参加一切国际军事会议，维持与管理中国境内、滇缅公路之运输事宜，以及指挥蒋介石拨给其指挥的一部分中国军队等各种职权。史迪威的数重身份，使得他在处理与蒋介石的关系上发生困难和障碍，最终导致了史、蒋反目事件的发生。

1942 年 3 月 3 日，史迪威将军奉罗斯福总统之命经印度前往重庆，这位踌躇满志的将军从到达之日起，就拒绝接受像别墅那样的一切虚假的权力象征。他同蒋介石第一次正式会谈时，就提出要指挥已进入缅甸的中国第五军和第六军。蒋表面上同意这一要求，可是私下却抱怨史迪威态度傲慢，对他这位委员长不够尊重。他说："这个美国人的举动根本不像一位参谋长或一位顾问，而是一位独断独行的司令官。"

史迪威抵达中国后，3 月 8 日，仰光失守，滇缅公路被日军阻断。3 月 11 日，蒋介石下令所有入缅之中国军队绝对服从史迪威的指挥。当天中午，史迪威飞往缅甸，指挥作战。

中国远征军从 1942 年 3 月到 4 月期间，先后在东吁、仁安羌、腊戍等地同日军展开激战。其中东吁保卫战虽以撤退为结束，但重创敌军，沉重打击了日军的嚣张气焰。仁安羌一役，击溃日军第 33 师团主力，毙敌 1200 余人，克复仁安羌，并救出 7000 多名英军（包括英军司令亚历山大）和百余辆汽车、千余匹马以及被日军俘虏的英军、美国传教士和记者等500 多人。中国军队扬威异国，轰动英伦三岛。

但是，由于中国远征军入缅作战准备不周，仓促上阵；中英两国军队各怀心思，英军作战为了保住印度，中国军队则为打通滇缅公路而来，因而配合欠佳，加上蒋介石遥控中国军队，致使史迪威没有实权，指挥不灵。史、蒋矛盾由此引

▲中国战区参谋长史迪威（前排右一）与中国远征军军事将领在东吁前线

发。因此，中国远征军虽然取得了一些战役的胜利，但未能彻底扭转局势。4月29日，日军重兵增援，占领腊戍，切断了远征军的后路，并攻陷八莫、密支那，直逼滇境。远征军作战失利，决定全线撤退。一部分由史迪威与罗卓英率领从缅北越拉加山进入印度，后编组成中国驻印军；大部分奉命向国境撤退。

败走印度后，不服气的史迪威一直念念不忘反攻缅甸。于是他在印度的蓝姆伽和中国的云南继续训练中国军队，为重开缅甸战役做准备。1943年1月8日，蒋介石正式拒绝了他发动缅甸战役的要求，提议推迟到秋天发动为宜。而在开罗会议后，罗斯福、丘吉尔和斯大林在德黑兰会谈中得出一个新的结论：盟军应把军事打击的重点放在德国。罗斯福再也看不到缅甸战役的重要性了，这使史迪威大感失望。虽然后来他带领驻印军报了一箭之仇，但和蒋介石的矛盾不断加深。

史迪威和蒋介石的关系越闹越僵。1944年国民党军队在豫湘战役中溃败，7月6日，罗斯福接受参谋长联席会议建议，要求蒋介石任命史迪威指挥一切中美军队（包括中国共产党领导的部队），以为非此不能扭转中国的军事形势。蒋介石拒绝任命史迪威，并要求美国政府将其召回。赫尔利支持蒋介石的要求。至此，蒋介石与史迪威的矛盾发展到了顶点。罗斯福不得已宣布召回史迪威，并任命魏德迈为中国战区参谋长和驻华美军司令。史迪威于1944年10月22日离华返美。

史迪威回国后，1945年1月出任美国陆军地面部队司令。由印度利多、经缅北密支那至中国云南的中印公路通车，被命名为"史迪威公路"。

1945年2月史迪威荣获荣誉军团勋章和橡叶勋章。

1945年9月史迪威出席在"密苏里号"战列舰上举行的

日本投降签字仪式，并主持琉球岛的受降仪式。

1946 年 10 月 12 日，他因患胃癌并转移到肝部，在旧金山莱特曼陆军医院逝世，享年 63 岁。

◎ 卫立煌

卫立煌（1897—1960），字俊如，安徽合肥人。青年时期曾在孙中山先生广州大本营担任警卫，后历任国民革命军第一军师长、第十九军副军长、徐州戒严司令、首都卫戍副司令、第八军军长、十四集团军总司令、第一战区司令官等职，指挥过保卫山西的忻口会战。

卫立煌将军是国民党军中的"五虎上将"之一。他从担任孙中山先生的警卫员起步入民主革命运动的浪潮，从一名普通士兵一步步走到了中国陆军副总司令的人生巅峰。他身经百战而身不挂彩，创造了抗日战争中的奇迹。1939 年，时任八路军政治部主任的任弼时就高度赞扬他对华北保卫战所作出的重要贡献——"黄河保卫华北，先生保卫黄河"。

1943 年 7 月，因中国远征军赴缅甸作战失利，滇西大片国土沦陷于侵华日军之手，国际援华抗战物资进入中国的唯一通道——滇缅公路被日军截断，在别无选择的情况下，蒋介石任命卫立煌为中国远征军司令长官，赴云南接替陈诚，全权指挥由第十一集团军、第二十集团军两支野战部队及相关支持部队共 20 万人组成的中国远征军，开展滇西抗战，以扭转国内抗日战场腹背受敌的不利局面。

卫立煌走马上任后的第一件事，就是将远征军司令长官部从昆明附近推进到距怒江前线不到 50 公里的保山县马王屯，以便就近了解前线敌情并指挥部队。非但如此，他还命令下属各集团军及各军、师、团都依法效仿，将司令部或指挥所逐次前移，既减少通讯联络的障碍，又便于各级指挥官深入前线指挥作战。

与此同时，卫立煌还积极争取美国盟军总指挥史迪威将军的支持，从印度调来大批有经验的美军教官，按照实战需要指导部队开展大规模的战前训练，厉兵秣马，部署对日作战。除对滇西远征军三十个师的官兵进行美式训练外，他还恳请美军为中国军队培训了 500 多名军医，在每一个作战师都配备了野战医院，并请了大批美国军医随军服务。此外，他还命令部队反复进行战前的渡江演练，以至于远征军在后来强渡水流湍急的怒江的过程中，只有一名士兵不慎落水身亡，创造了令人难以置信的军事奇迹。

准备就绪后，1944 年 5 月 11 日拂晓，卫立煌向第五十四军下达了"强渡怒江，向驻守滇西的日军实施反攻"的命令，五十四军将士使用橡皮艇、竹筏、汽油桶等渡江工具，分几路从惠通桥、三江口、攀枝花、粟柴坝、双虹桥等渡口同时大举强渡怒江，向滇西日军发动进攻，揭开了滇西反攻战的序幕。

由于日军第 56 师团在松山、龙陵、腾冲、平戛等重要据点部署了重兵及坚固工事，中国远征军在进击这些据点时付出了沉痛代价，也大大减缓了向前推进的速度。其间，卫立煌将军多次深入前线阵地察看敌情，与所属各部抗日将领们认真分析战场形势，制定了严密的作战计划。

6 月 23 日，卫立煌电令担任右翼的第二十集团军在空军的协作下，向驻守腾冲城内的日军发起进击，第五十三军旋即渡过龙川江，分东、北两路直趋腾冲坝子，向腾冲城外的宝凤山、蜚凤山、飞凤山、来凤山四大日军坚强阵地发起进攻，经过近一个月的分头围攻，相继拔除了日军在城外四凤山上设置的外围阵地，将腾冲守敌全部压缩到不足 3 平方公里的城内。8 月 2 日，第二十集团军以四个师的优势兵力向腾冲城发起攻击，通过飞机大炮轮番集中轰击和组织工兵掘壕爆破，于 8 月中旬将日军号称"固若金汤"的城墙防线全部攻破，远征军随即突入城中与日军巷战。经过历时一个月的激烈巷战，远征军终于成功收复了有"极边第一城"美誉的腾冲县城，并歼灭日军 184 联队长藏重康美大佐及其所辖的 3000 多名日军。

中国远征军担任左翼的第十一集团军第七十一军主力万余名将士，自 6 月 1 日起从正面仰攻松山，但经过一个多月的强攻始终无法攻陷，攻山任务最终落到了由卫立煌直接指挥的第八军身上。从 7 月 5 日起，第八军通过采用炮兵集中轰击软化敌阵、步兵波浪式冲锋推进策略，逐个攻克了松山前沿阵地，并于 8 月初围攻松山主峰，但因日军工事过于坚固，在多次使用飞机重炮集中轰击和组织敢死队冲锋爆破均不奏效的情况下，只得改用坑道作业，从日军碉堡下方 150 米处开凿两条直达山顶的爆破隧道，填塞 3 吨 TNT 炸药，于 8 月 20 日上午同时引爆，摧毁了日军建造在松山主峰上的坚固工事，随即又居高临下荡平了松山主峰后侧的马鹿塘、黄土坡、黄家水井等处日军阵地，歼灭日军 1200 余人，于 9 月 7 日成功收复松山，打开了滇西大反攻的前进通道。

东通保山、北接腾冲、南控芒市的龙陵县城，是滇西地区重要的交通枢纽。9 月中旬，中国远征军左、右两翼部队分别克复松山和腾冲后，乘胜西进，在龙陵城外会合并夺取了龙陵四周高地，并切断了芒市到龙陵的公路交通。10 月 29 日，卫立煌下达了总攻龙陵的命令，集中十个师的强大兵力向龙陵城区发起总攻，经过五天的激烈战斗，歼灭日军 10640 人，于 11 月 3 日夺回龙陵。

由于滇西大反攻在一定程度上配合了美军在太平洋上的反攻，呼应了世界反法西斯战争的全面反攻，卫立煌因此获得了国民政府颁发的"青天白日勋章"。1945 年 4 月，功勋卓著的卫立煌升任同盟国中国战区中国陆军副总司令。卫立煌将军挥师滇西大反攻的壮举，令中外军事界都为之震惊，美国《时代》周刊曾用较大篇幅推出对他的专访，并在封面上刊登了他策马扬鞭的照片，赞誉他为"常胜将军卫立煌"。

▲1945 年 2 月 5 日，印缅战前司令及中国驻印军总指挥索尔登中将和中国远征军司令卫立煌在木司检阅已经胜利会师的中国远征军和中国驻印军，陪同的有新一军军长孙立人和远征军副司令黄琪翔中将。

◎ 杜聿明

杜聿明（1904—1981），米脂县人，字光亭，是国民党著名的高级将领，抗日英雄。抗日战争时期历任第五军军长、中国远征军第一路副司令长官兼第五军军长、第五集团军总司令兼昆明防守总司令等职，为中国抗战作出了卓越的贡献。

▲杜聿明

1939 年 11 月，日军为切断当时中国通往法属越南的国际运输线，集结了约 4 万兵力及战舰 70 余艘，于 14 日首攻北海，15 日转向钦（州）防（城）强行登陆，然后沿邕钦路北进。24 日，号称"钢军"的日军坂垣第 5 师团之中村正雄第 12 旅团进占南宁，一个月后，又攻陷桂南战略要地昆仑关。他们在昆仑关设下重重阵地，布下重兵防守，还对全世界狂忘地宣称已经切断了中国的运输线。

中国军队为粉碎日军这一战略企图，遂组织 15 万兵力发起桂南会战，昆仑关就是其中的主战场，其主攻部队即为杜聿明指挥的陆军第五军。

昆仑关战役中，杜聿明亲临前沿阵地指挥战斗，他灵活运用战术，机动作战，随时调整作战部署，成功地包围了昆仑关之敌。日军凭着"钢军"武士道精神和所占优势地形，顽固抵抗。杜聿明经过缜密的分析，决定采取"要塞式攻击法"，稳扎稳打，缩小包围圈，一口一口地吃掉敌人。从 23 日起，敌虽增援两个大队的兵力，旅团长中村正雄亲自督战，也不能挽回败局，反被当场击毙。第五军相继攻克同兴堡、罗塘堡、653 高地。第 200 师长戴安澜亲自督军奋战昼夜，前赴后继，终于夺取了界首阵地。杜聿明情不自禁欢呼："昆仑关大门打开了！" 31 日，邱清泉新 22 师以凌厉攻势突入昆仑关，这次战役遂以中国军队的重大胜利而告结束。日军一个旅团长、两个联队长、三个大队长被击毙，班长以上军官死亡率达 85% 以上，士兵死亡 4000 人，被俘 100 余人。旅团长中村正雄临死前在日记本上写道："帝国皇军第 5 师团第 12 旅团，之所以在日俄战争中获得了'钢军'的称号，那是因为我的顽强战胜了俄国人的顽强。但是，在昆仑关，我应该承认，我遇到了一支比俄更强的军队……"

在以后艰苦的抗战岁月中，杜聿明还率第五军三个师，进入异国缅甸，协同英国军队作战。

◎ 戴安澜

1942 年 3 月，缅北一年中最炎热的夏季已早早到来。在连通中缅两国的滇缅公路上，尘土飞扬，排成长龙的汽车满载着荷枪实弹的士兵疾驰而过。

远征（一）
万里旌旗耀眼开，
王师出境岛夷摧，
扬鞭遥指花如许，
诸葛前身今又来。

远征（二）

策马奔车走八荒，

远征功业迈秦皇。

澄清宇宙安黎庶，

先挽长弓射夕阳。

第200师师长戴安澜随中国远征军一道赴缅作战。行军途中，将军踌躇满志地写下了这两首七绝。然而，令他当时万万没有想到的是，作为国内唯一的摩托化步兵师、国民军王牌师的第200师，在随后短短两个多月的缅北作战中，竟由接连创下赫赫血火战功后，走向溃退寂灭；他自己也马革裹尸，战死在缅北丛林。

▲1939年，第五军第200师师长戴安澜出征前摄于全州。

戴安澜，1904 年生，又名衍功，安徽无为人，1924 年投奔国民革命军。黄埔军校第三期毕业。1926 年参加北伐。1933年参加长城抗战。在 1938 年的鲁南会战中，曾率部在中艾山与日军激战四昼夜，因战功卓著，升任第 89 师副师长。同年 8月，参加武汉会战。1939 年升任国民党第五军第 200 师师长，12 月参加桂南会战。在昆仑关大战中，戴安澜指挥有方，重伤不下火线，击毙日军旅团长中村正雄少将，取得重大胜利。

儒将风骨　铁血忠魂

太平洋战争初期，远东战场的两个亮点东吁、东枝（又译棠吉）两役，改变了美英联军乃至世界对中国军队的一向看法：并不是只会以人海战术打赢战争，中国人是善智骁勇会打仗的。

这两场战斗，均是由中国远征军的主力师国民革命军第五军第 200 师师长戴安澜将军率领完成的。

戴安澜绝非仅只是一介军人，毕业于黄埔军校第三期的他，被誉为"儒将风徽"。他曾勉励属下的一句话是："人我之际要看得平：平则不忮；功名之际要看得淡：淡则不求；生死之际要看得破：破则小惧……"。

1942 年 3 月 4 日，戴安澜率师作为先头部队前往东吁。蒋介石的用意是，第五军和第六军的大部队至少需要两三周才能全部入缅，在此之前，先头部队第 200 师先进入东吁，构筑工事固守，牵掣日军兵力，待主力向平满纳集中后大举反攻，但事情的发展并没有如他所愿。

固守东吁——掩护英缅军安全撤退

1942 年 3 月 8 日，作为远征军先遣部队的第 200 师星夜赶到东吁。在日军凌厉攻势下，此时的英缅军正如潮水般溃退。

19 日，追击撤退英缅军至皮尤河西岸的日军，率先与防守东吁的第 200 师先头部队接火。战讯传来，戴安澜宣布：

"命令各团营进入阵地，准备战斗。本师长立遗嘱在先：如果师长战死，以副师长代之；副师长战死，参谋长代之；团长战死，营长代之……以此类推，各级皆然。"

21 日，东吁城北的克永冈机场被日军占领，守城的第 200师后路被断。28 日夜，日军派出小股部队突袭第 200 师司令部，师长戴安澜手提一挺机枪，率部与日军作战。激战通宵，司令部全体官兵的子弹全打光了，刺刀也拼弯了，危在旦夕。幸亏天亮时，一营援兵赶到，师部才化险为夷。

由于英缅军已按计划撤退到卑谬，并且在与尾随而至日军的战斗中一触即溃，造成卑谬失守，使第 200 师陷入日军第55、第 56、第 33 师团的三面包围之中。为避免全师被聚歼，30 日晚，东吁守军主动进行战略撤退。

东吁一战，第 200 师以仅 9000 人的队伍，竟抗击 2 万多日军达十二天之久，使日军遭受了南侵以来的第一次重大挫败。这也是远征军入缅作战的首次胜利。

收复东枝——亦难挽远征军之败局

进入 4 月，缅甸战场的局势瞬息万变。由于英缅军连连丢城失地，中国远征军与英缅军间结成的中英盟军，正一步步陷入失败的泥淖。

24 日拂晓，东枝之战爆发，负责收复东枝的第 200 师将士率先向日军发起进攻。鉴于敌守军强大，戴安澜便命部队先行强攻棠吉西侧的敌警戒阵地，并一举夺下。

然而，此时局部战斗的胜利，已无法遏止整个缅甸战场上中英盟军疾速溃败的车轮。日军第五十六军团除策应正面之敌外，继续秘密穿越缅泰边境 1500 公里的原始大森林，并神出鬼没地出现在后方腊戍、密支那等城的中国守军面前。

几乎没有遇到任何有力抵抗，中国远征军返回国门的咽喉之地便一一失守。

"为民族战死沙场，男儿之份也。"

中英美三方本来准备在缅甸中部与日军展开大会战，由于英军一翼的败退而全线崩溃。戴安澜率领的第 200 师自 4 月下旬东枝地区战斗后，奉命向北转进，沿八莫、南坎撤退。5 月 10 日，与第五军补训处、第六十六军新 28 师等余部汇合，5 月 18 日，在穿越西保、摩谷公路的封锁线时，遭受日军伏击，师长戴安澜在率部奋战中，身负重伤。26 日晚，在缅北茅邦村，戴安澜因伤重殉国，时年 38 岁。在出征缅甸时，面对欢送的民众，戴安澜微笑着留下这样一句话："为民族战死沙场，男儿之份也。"戴安澜也用生命实践了这样一句承诺。第 200

▲戴安澜将军的忠骸从贵阳市启程赴全州暂殡，市民万众夹道恭送灵车。

师官兵由师步兵指挥官郑庭笈率领，扶棺向云南继续前进，于6月17日抵达腾冲附近，29日，转到云龙，全师所剩官兵仅2600余人。同年秋季，国内为戴安澜将军举行了隆重的追悼会。中国共产党和国民党领导人高度赞颂了戴安澜将军的英雄气概和壮烈业绩。毛泽东赠送的挽词是：

> 外侮需人御，将军赋采薇。
> 师称机械化，勇夺虎罴威。
> 浴血东瓜守，驱倭棠吉归。
> 沙场竟殒命，壮志也无违。

蒋介石的挽联是：

> 虎头食肉负雄资，看万里长征，与敌周旋欣不忝；
> 马革裹尸酹壮志，惜大勋未成，虚予期望痛何如？

周恩来的挽词是：

> 黄埔之英，民族之雄。

朱德、彭德怀的挽联是：

> 将略冠军门，日寇几回遭重刨。
> 英魂羁缅境，国人无处不哀思。

10月16日，国民政府追赠戴安澜为陆军中将。同年7月20日，美国总统授予戴安澜将军以军团功勋章，以表彰他在缅甸战役中的显著战绩和为中国陆军建树的卓越的声誉。

1956年9月21日，中华人民共和国中央人民政府内务部追认戴安澜将军为革命烈士。10月3日，毛泽东主席向戴安澜的遗属颁发了《革命牺牲军人家属光荣纪念证》。

◎ 孙立人

孙立人，安徽庐江人，1900年生。父孙熙泽，光绪甲午科举人，历任登州知府、登莱青胶道台、山东审判厅长等职，为段祺瑞皖系的重要文职人物，后从事教育，曾任北平中华大学校长。孙立人自幼在家塾中受教，奠定国文和英文基础，后随父在山东期间又学德文。时方9岁，他目睹山东租界德人对华人之欺凌，遂萌发投军之志。孙立人1914年以安徽省第一名考取清华庚子赔款留美预科。预科共八年，孙立人因期间受伤病休一年，于1923年毕业。其间于1921年作为中国国家篮球队先发阵容参加在上海举行之远东运动会，战胜日本、菲律宾，获冠军。1923年清华预科毕业，即赴美求学。孙立人原欲学军事，但其父对当时北洋军阀甚为反感，反对他学军事，故孙立人选择进入普渡大学学土木工程，因其预科已习工程基础科目多门，故入三年级。1926年取得工程学士位毕业，即申请得入弗吉尼亚军校（西点军校）。孙立人因已有学士位，故直入军校三年级习文史，1927年以文学士毕业。毕业后赴欧考察各国军事后返国。

自创"孙氏操典"训练部队

孙立人回国后，1932年调财政部税警总团任第二支队上校司令兼4团团长。税警总团由财政部长宋子文一手创建，武器从美国购买，排以上军官大部分由留美学生担任。在宋子文的支持下，孙立人努力施展自己的军事才能，千方百计训练部队。他把中国传统教育和美国军校的教育方式结合起来，制定出适合自己部队需要的训练制度和方法，形成了一套与其他国民党部队不同的训练操典，被人家称为"孙氏操典"。

"东方的隆美尔"

第二次缅甸战役开始，孙立人指挥新38师如下山猛虎般扑向胡康河谷。10月29日占领新平洋，12月29日攻占于邦。占领于邦后，孙立人率部攻势不减，于1941年2月1日攻克太白加，3 月 4 日与廖耀湘新 22 师两路夹击攻克孟关。3 月 9 日，孙师 113 团与美军突击队联手攻占瓦鲁班。号称"丛林作战之王"的日军第 18 师团死伤过半，狼狈逃出胡康河谷。据日军战史记载："在九州编成，转战中国，素有把握的第 18 师团，与中国军队战斗最自信，岂料胡康河谷的中国军队，无论是自编制、装备，还是战术、技术，都完全改变了面貌……使我军损失惨重……全军不禁为之愕然。"至 1945 年 3 月 27 日攻克猛岩，第二次缅甸战役胜利结束。孙立人和他的新 38 师、新一军，在远征缅甸、协同盟军抗击日本侵略者的战斗中，东征西讨，连克强敌，屡建战功，其运用的战术、显示的战力为国内外各方充分肯定和高度赞扬。当时的国际舆论界赞誉孙立人为"东方的隆美尔"。

▲1945 年，缅甸战事已近尾声之际，联军统帅艾森豪威尔邀请孙立人访问欧洲战场。这是孙立人与蒙巴顿将军合影。

歼灭日军最多的中国将领

孙立人率领的第 38 师、新一军在历时两年的第二次缅战中，共击毙日军三个联队长以下 33000 余人，伤日军 75000 余人，俘虏大尉以下 323 人。缴获大炮 186 座，战车 64 台，汽车 552 台，攻取公路 646 英里。孙立人是歼灭日军最多的中国将领。

附录一 滇缅战场敌我双方指挥系统表

◎ 缅甸防御战敌我军队指挥系统表

1. 中国远征军第一路指挥系统表（1942 年 2 月至 8 月）

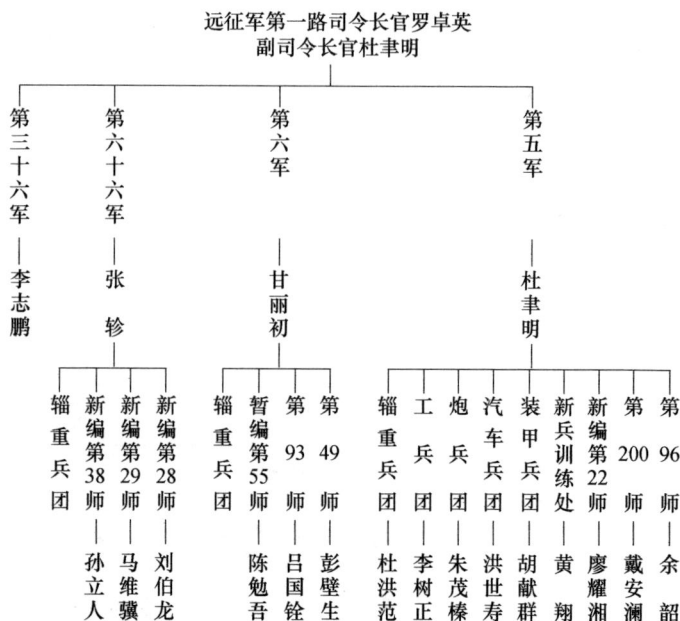

远征军第一路司令长官罗卓英
副司令长官杜聿明

- 第三十六军 ── 李志鹏
- 第六十六军 ── 张轸
  - 辎重兵团
  - 新编第38师 ── 孙立人
  - 新编第29师 ── 马维骥
  - 新编第28师 ── 刘伯龙
- 第六军 ── 甘丽初
  - 辎重兵团
  - 暂编第55师 ── 陈勉吾
  - 第93师 ── 吕国铨
  - 第49师 ── 彭壁生
- 第五军 ── 杜聿明
  - 辎重兵团 ── 杜洪范
  - 工兵团 ── 李树正
  - 炮兵团 ── 朱茂榛
  - 汽车兵团 ── 洪世寿
  - 装甲兵团 ── 胡献群
  - 新兵训练处 ── 黄翔
  - 新编第22师 ── 廖耀湘
  - 第200师 ── 戴安澜
  - 第96师 ── 余韶

说明：①远征军第一路司令长官原任命卫立煌，未到任，由杜聿明代理。4 月初又任命罗卓英为司令长官。②远征军第一路编成内还有炮兵第 18 团 1 营、陆军战防炮直属 1 营、野战重炮第 13 团 1 营、独立工兵 24 营、宪兵第 24 团 1 营等直属部队。③美国志愿航空队协同中国远征军作战。

2. 英缅军指挥系统表（1942 年 3 月）

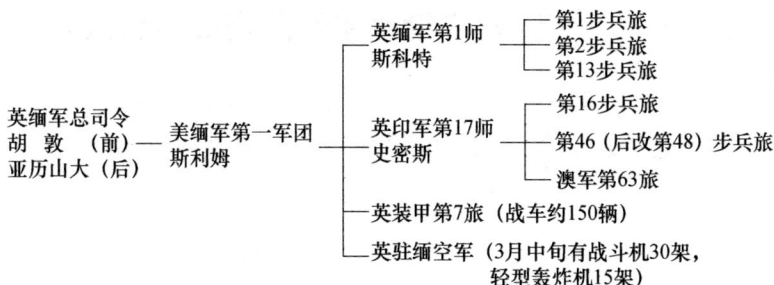

```
                                     ┌── 第1步兵旅
                        英缅军第1师 ──┼── 第2步兵旅
                        斯科特        └── 第13步兵旅

                                     ┌── 第16步兵旅
英缅军总司令              英印军第17师 ──┼── 第46（后改第48）步兵旅
胡　敦　（前）──  美缅军第一军团   史密斯        └── 澳军第63旅
亚历山大（后）    斯利姆
                        英装甲第7旅（战车约150辆）

                        英驻缅空军（3月中旬有战斗机30架，
                                    轻型轰炸机15架）
```

3. 中英联军作战指挥系统表（1942 年 3 月）

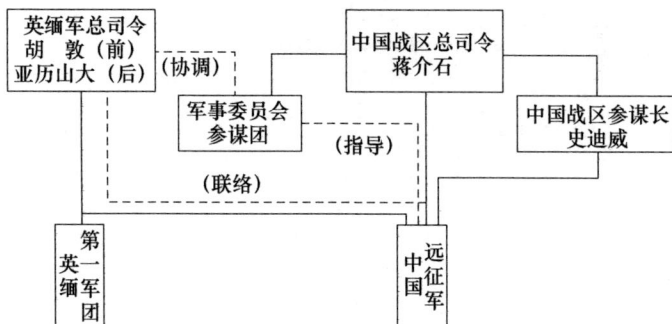

4. 侵缅日军指挥系统判断表（1942 年 3 月）

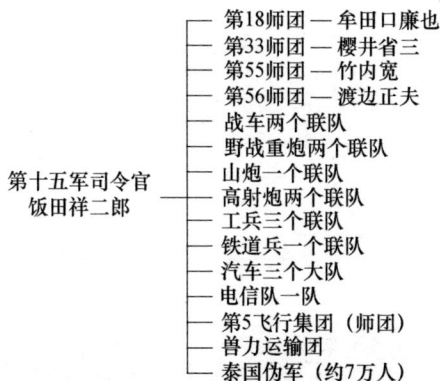

```
                        ┌── 第18师团 — 牟田口廉也
                        ├── 第33师团 — 樱井省三
                        ├── 第55师团 — 竹内宽
                        ├── 第56师团 — 渡边正夫
                        ├── 战车两个联队
                        ├── 野战重炮两个联队
第十五军司令官  ────────┼── 山炮一个联队
饭田祥二郎              ├── 高射炮两个联队
                        ├── 工兵三个联队
                        ├── 铁道兵一个联队
                        ├── 汽车三个大队
                        ├── 电信队一队
                        ├── 第5飞行集团（师团）
                        ├── 兽力运输团
                        └── 泰国伪军（约7万人）
```

◎ 缅北、滇西反攻战役敌我军队指挥系统表

1. 中国驻印军指挥系统表（1943 年 8 月至 1945 年 3 月）

表一：缅北反攻战役第一期驻印军指挥系统（1943 年 8 月至 1944 年 8 月）

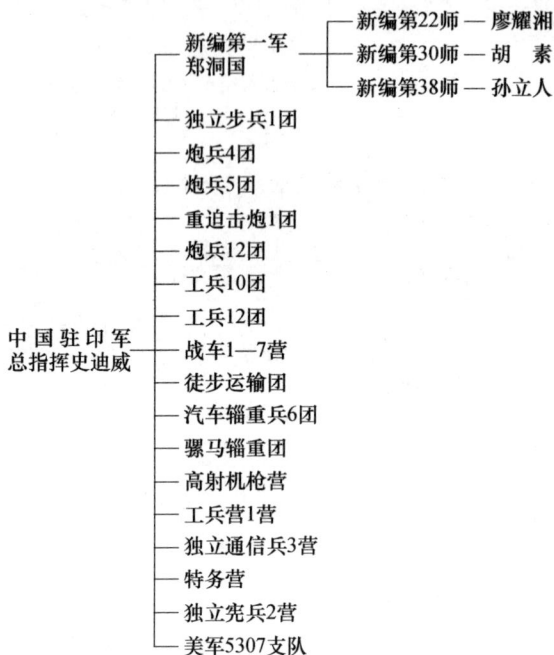

```
                                              ┌── 新编第22师 ── 廖耀湘
                         ┌── 新编第一军        ├── 新编第30师 ── 胡  素
                         │   郑洞国           └── 新编第38师 ── 孙立人
                         ├── 独立步兵1团
                         ├── 炮兵4团
                         ├── 炮兵5团
                         ├── 重迫击炮1团
                         ├── 炮兵12团
                         ├── 工兵10团
                         ├── 工兵12团
        中国驻印军 ───────┼── 战车1—7营
        总指挥史迪威       ├── 徒步运输团
                         ├── 汽车辎重兵6团
                         ├── 骡马辎重团
                         ├── 高射机枪营
                         ├── 工兵营1营
                         ├── 独立通信兵3营
                         ├── 特务营
                         ├── 独立宪兵2营
                         └── 美军5307支队
```

表二：缅北反攻战役第二期驻印军指挥系统（1944 年 8 月至 1945 年 3 月）

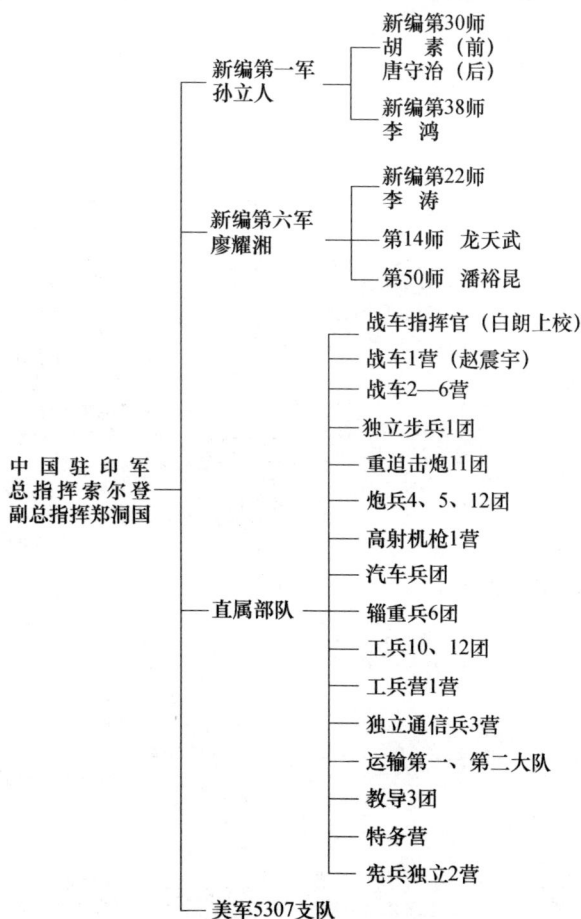

中国驻印军
总指挥索尔登
副总指挥郑洞国

新编第一军
孙立人
- 新编第30师　胡　素（前）唐守治（后）
- 新编第38师　李　鸿

新编第六军
廖耀湘
- 新编第22师　李　涛
- 第14师　龙天武
- 第50师　潘裕昆

直属部队
- 战车指挥官（白朗上校）
- 战车1营（赵震宇）
- 战车2—6营
- 独立步兵1团
- 重迫击炮11团
- 炮兵4、5、12团
- 高射机枪1营
- 汽车兵团
- 辎重兵6团
- 工兵10、12团
- 工兵营1营
- 独立通信兵3营
- 运输第一、第二大队
- 教导3团
- 特务营
- 宪兵独立2营

美军5307支队

2. 滇西反攻战役中国远征军指挥系统表（1943 年 4 月至 1945 年 1 月）

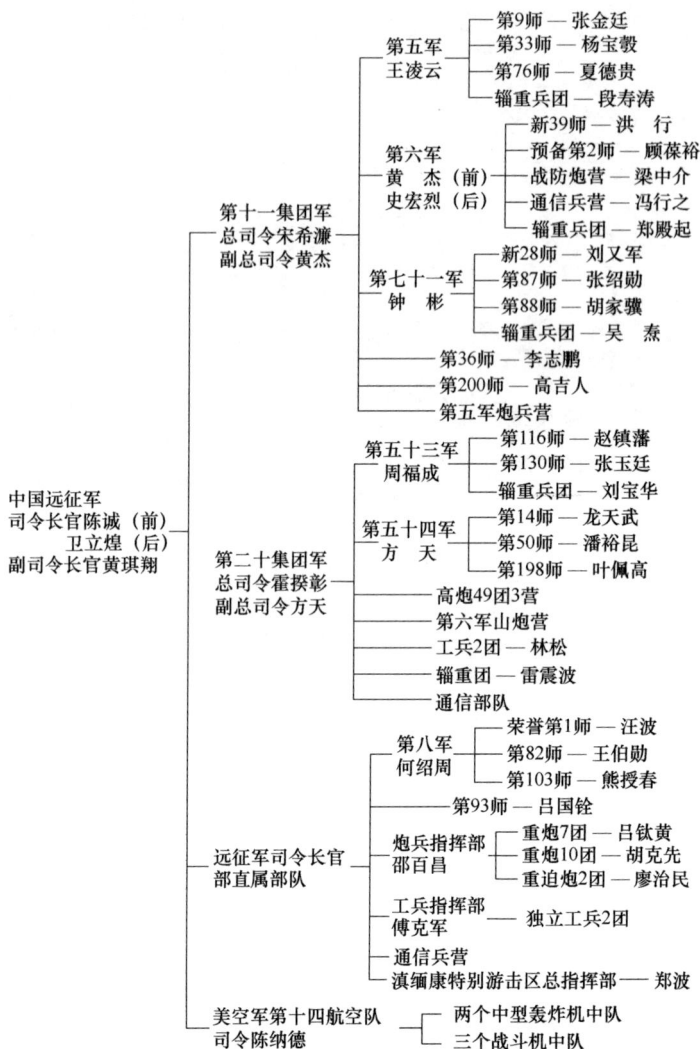

中国远征军
司令长官陈诚（前）
卫立煌（后）
副司令长官黄琪翔

- 第十一集团军
  总司令宋希濂
  副总司令黄杰
  - 第五军 王凌云
    - 第9师 — 张金廷
    - 第33师 — 杨宝毂
    - 第76师 — 夏德贵
    - 辎重兵团 — 段寿涛
  - 第六军 黄杰（前）史宏烈（后）
    - 新39师 — 洪　行
    - 预备第2师 — 顾葆裕
    - 战防炮营 — 梁中介
    - 通信兵营 — 冯行之
    - 辎重兵团 — 郑殿起
  - 第七十一军 钟彬
    - 新28师 — 刘又军
    - 第87师 — 张绍勋
    - 第88师 — 胡家骥
    - 辎重兵团 — 吴　焘
  - 第36师 — 李志鹏
  - 第200师 — 高吉人
  - 第五军炮兵营

- 第二十集团军
  总司令霍揆彰
  副总司令方天
  - 第五十三军 周福成
    - 第116师 — 赵镇藩
    - 第130师 — 张玉廷
    - 辎重兵团 — 刘宝华
  - 第五十四军 方天
    - 第14师 — 龙天武
    - 第50师 — 潘裕昆
    - 第198师 — 叶佩高
  - 高炮49团3营
  - 第六军山炮营
  - 工兵2团 — 林松
  - 辎重团 — 雷震波
  - 通信部队

- 远征军司令长官部直属部队
  - 第八军 何绍周
    - 荣誉第1师 — 汪波
    - 第82师 — 王伯勋
    - 第103师 — 熊授春
  - 第93师 — 吕国铨
  - 炮兵指挥部 邵百昌
    - 重炮7团 — 吕钛黄
    - 重炮10团 — 胡克先
    - 重迫炮2团 — 廖治民
  - 工兵指挥部 傅克军 — 独立工兵2团
  - 通信兵营
  - 滇缅康特别游击区总指挥部 — 郑波

- 美空军第十四航空队 司令陈纳德
  - 两个中型轰炸机中队
  - 三个战斗机中队

说明：① 卫立煌于1943年冬接替陈诚，继任远征军司令长官。
　　　② 第五十四军第14师、第50师于1944年4月空运印度，编入中国驻印军系列。此后第五十四军由第36师和第198师组成。

3. 英印军指挥系统表（1944 年 12 月至 1945 年 5 月）

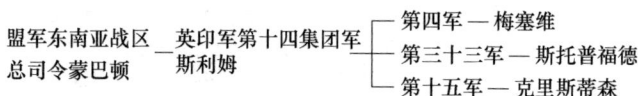

```
盟军东南亚战区        英印军第十四集团军 ┌─ 第四军 — 梅塞维
总司令蒙巴顿          斯利姆           ├─ 第三十三军 — 斯托普福德
                                    └─ 第十五军 — 克里斯蒂森
```

4. 缅甸反攻战役盟军作战指挥系统表（1943 年 10 月至 1945 年 5 月）

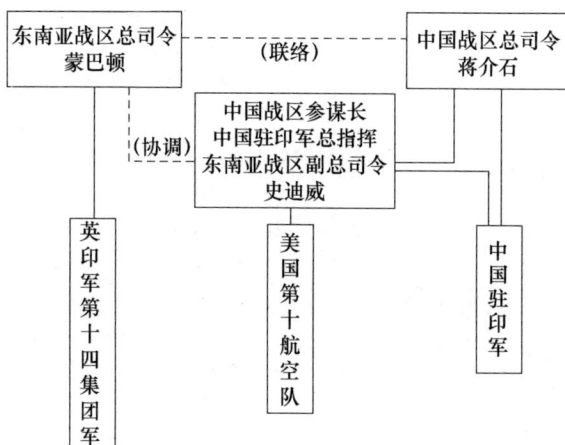

```
┌──────────────┐                      ┌──────────────┐
│ 东南亚战区总司令 │ ──── (联络) ──── │ 中国战区总司令  │
│ 蒙巴顿         │                      │ 蒋介石        │
└──────┬───────┘        ┌──────────────┐└──────┬───────┘
       │                │ 中国战区参谋长  │       │
    (协调)              │ 中国驻印军总指挥 │       │
       │                │ 东南亚战区副总司令│       │
       │                │ 史迪威         │       │
       │                └──────┬───────┘       │
┌──────┴───────┐  ┌──────────┴──┐  ┌──────┴───────┐
│ 英印军第十四集团军│  │ 美国第十航空队 │  │ 中国驻印军     │
└──────────────┘  └──────────────┘  └──────────────┘
```

说明：1944 年 10 月史迪威奉召回国后，由魏德迈继任中国战区参谋长，索尔登继任中国驻印军总指挥。

5. 日本缅甸方面军指挥系统判断表（1943 年 1 月至 1945 年 5 月）

表一（1943 年 10 月）

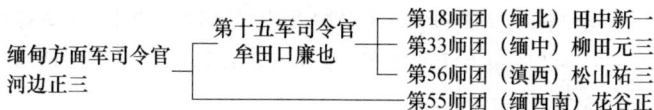

```
                                        ┌─ 第18师团（缅北）田中新一
缅甸方面军司令官    第十五军司令官      ├─ 第33师团（缅中）柳田元三
河边正三         牟田口廉也          ├─ 第56师团（滇西）松山祐三
                                     └─ 第55师团（缅西南）花谷正
```

表二（1944 年 1 月）

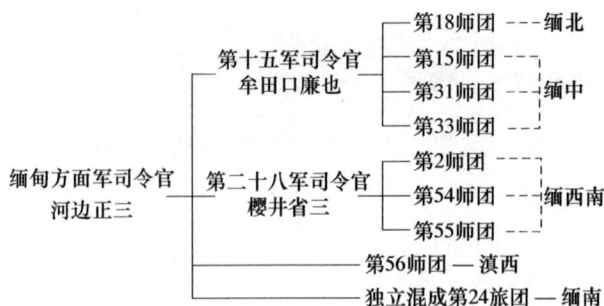

```
                          ┌── 第18师团 --- 缅北
           第十五军司令官 ──┤── 第15师团 --┐
            牟田口廉也    ├── 第31师团 --┼ 缅中
                          └── 第33师团 --┘
缅甸方面军司令官 ─┤
   河边正三        第二十八军司令官 ┌── 第2师团 --┐
                    樱井省三      ├── 第54师团 --┼ 缅西南
                                  └── 第55师团 --┘
                  ── 第56师团 — 滇西
                  ── 独立混成第24旅团 — 缅南
```

表三（1944 年 4 月）

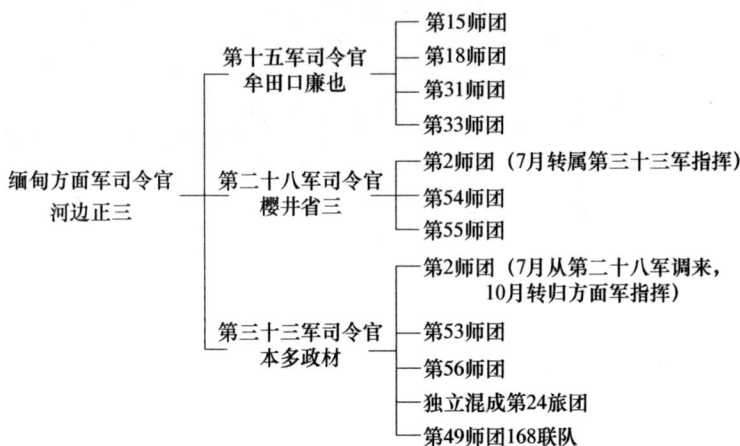

```
                          ┌── 第15师团
           第十五军司令官 ──┤── 第18师团
            牟田口廉也    ├── 第31师团
                          └── 第33师团

缅甸方面军司令官 ─┤  第二十八军司令官 ┌── 第2师团（7月转属第三十三军指挥）
   河边正三         樱井省三       ├── 第54师团
                                  └── 第55师团

                                  ┌── 第2师团（7月从第二十八军调来，
                                  │          10月转归方面军指挥）
           第三十三军司令官 ──────┤── 第53师团
              本多政材          ├── 第56师团
                                ├── 独立混成第24旅团
                                └── 第49师团168联队
```

说明：① 日本缅甸方面军成立于 1943 年 1 月 15 日。

② 缅甸方面军司令官于 1944 年 10 月被撤，由木村兵太郎继任。

同时，第十五军司令官牟田口廉也亦被撤，由片村西八继任。

③ 第 5 飞行师团协同缅甸方面军作战。

附录二　远征印缅大事记

1941 年

12 月 7 日　（夏威夷时间）日军偷袭珍珠港和美、英、荷在太平洋上的其他属地，挑起太平洋战争。

12 月 8 日　美国、英国、加拿大、澳大利亚、荷兰、自由法国、海地、萨尔瓦多、危地马拉、洪都拉斯、希腊、哥斯达黎加等国相继对日宣战。苏联宣布对太平洋战争保持中立。

12 月 9 日　中国国民政府发布文告正式对日宣战，并同时宣告对德、意立处于战争状态。

　　▲中共中央发表《中国共产党为太平洋战争的宣言》，指出：中国政府和中国人民坚决站在反法西斯国家方面，动员自己一切力量，为最后打倒日本法西斯而斗争。

　　▲罗斯福总统致电蒋介石，说明美国已对日宣战，并申述加强美中友谊与共同征服暴日，直至取得彻底胜利。10 日，蒋介石复电罗斯福，表示对美国的援助与友谊永志不忘，并愿尽其所能，与友邦美国共同奋斗到底。

▲丘吉尔首相致电蒋介石，称：英国与美国已被日本攻击，愿中英加强友谊，同对一敌，共同奋斗。

12 月 10 日　蒋介石为太平洋战争爆发发表《告全国军民》，号召与英、美、苏等友邦并肩作战。

蒋介石复电丘吉尔，表示中英两国人民并肩作战，誓必扫除共同之仇敌。

▲是日至 11 日，蒋介石在重庆两次邀请英、美驻华大使及官员，商讨中、美、英、荷、澳五国联合对日作战计划。

▲英武官丹尼斯受命向蒋介石提出请求，派中国军队入缅。蒋当即首肯，于次日向第五军、第六军两军发布入缅作战动员令，命第五军向保山集中，第六军克日完成入缅准备。同时，派侯腾率部分参谋、机要、翻译组成中国军事代表团（又称中国先遣参谋团），配属宪兵、通信、汽车各一排，由丹尼斯陪同，飞赴腊戍，筹备中国军队入缅事宜。

12 月 11 日　蒋介石为太平洋战争爆发发表《告海外侨胞书》，勖勉努力协助友邦，消灭共同敌人。

▲日本、德国、意大利在柏林签订《日、德、意联合作战行动协定》，议定三国共同对英、美作战，并不准单独与英、美媾和，结成军事同盟。

▲美国对德国、意大利宣战。

12 月 12 日　日机首次袭击缅甸。

12 月 14 日　日军占领缅甸南端的维多利亚角。

12 月 15 日　英国任命驻华使馆武官丹尼斯少将为美驻华军事代表团团长。

12 月 16 日　蒋介石令第五军、第六军入缅协同作战。

12 月 20 日　美国志愿航空队在昆明与日本空军首战告捷，以
　　　　　　　9 : 0 大胜日军。

12 月 21 日　日、泰签订同盟条约，结成军事同盟。

12 月 22 日　蒋介石命令第五军、第六军入缅，归第五军军长
　　　　　　　杜聿明指挥。

12 月 23 日　签订《中英共同防御滇缅路协定》，成立中英军
　　　　　　　事同盟，筹建中国远征军，准备入缅作战。

12 月 24 日　第六军第 49 师刘观隆支队，由英军汽车运到景东
　　　　　　　接防。

12 月 26 日　第 49 师主力入缅，开赴昆欣、兰河地区守备。

12 月 31 日　美国总统罗斯福致电蒋介石，提议组织中国战区，
　　　　　　　由蒋任统帅，蒋同意接受。并拟组联军参谋处，
　　　　　　　在统帅指挥下开展工作。

　　　　　　▲中国军队正式开赴缅甸，协助英军作战。

1942 年

1 月 1 日　美、英、苏、中等二十六国代表在华盛顿签署《联
　　　　　　合国家宣言》。

1 月 2 日　蒋介石电复罗斯福，同意出任中国战区统帅。中国
　　　　　　战区范围包括泰国和越南。

　　　　　▲国民政府军事委员会披露：中国军队已开入缅甸
　　　　　　协防。

1 月 4 日　蒋介石电请罗斯福选派一位美军高级将领担任盟军
　　　　　　中国战区参谋长。
　　　　　　中国空军中美志愿队在缅甸与日军空战。

1月14日　美国选派史迪威中将担任盟军中国战区参谋长、中缅印战场美军司令等要职。

1月16日　日军侵犯缅甸，进攻米打。

1月19日　中国远征军（第六军甘丽初部）入缅部队沿滇缅路南进。

1月23—29日　日军飞机连日空袭仰光，与美国志愿航空队和英军飞机建立俄空战。

1月24日　中国第六军前锋一个团到达缅甸孟养。后续部队2团为英方拒绝。

1月31日　日军攻占缅甸第二大海港毛淡棉。

2月2日　蒋介石令第六军入缅后归英方指挥。

2月4—21日　蒋介石夫妇一行访问印度。

2月9日　入缅中国军队击退日军自泰攻缅甸部队。
　　　　　罗斯福致电蒋介石，告之由美国经非洲、印度至中国的航空线最近即可开辟。

2月12日　中英两国代表在印度新德里商谈，同意共同修筑中印公路。

2月15日　日军攻占新加坡。

2月17日　侵缅日军渡过萨尔温江，双方在比林河激战。

2月19日　中国入缅军在缅泰边境攻击日军。

2月23日　英缅军在锡唐河溃退，仰光东面屏障尽失。

2月25日　蒋介石到昆明部署入缅战事，令第五军由滇西开往缅甸；第六军由昆明经宝山乡泰缅边境前进。第五军军长杜聿明统一指挥两军。

3月1日　蒋介石由昆明飞抵缅北腊戍，视察缅甸战局并布置中国军队入缅事宜。

3月2日　蒋介石在腊戍与英印军总司令维维尔商谈缅甸防务。

3 月 3 日　蒋介石在腊戌会见赴华途中的史迪威，决定由史迪威指挥入缅作战的中国军队。

3 月 5 日　亚历山大接任英缅军总司令。

3 月 7 日　第五军先头部队第 200 师到东吁。

3 月 8 日　日军侵占仰光。

3 月 11 日　蒋介石派史迪威为中国入缅远征军总指挥官。

3 月 12 日　中国远征军第一路司令长官司令部成立。

3 月 15 日　蒋介石调卫立煌任远征军司令。卫未到任，先由副司令长官杜聿明代理，后由罗卓英继任。

　　　　▲中国远征军第六军到达毛奇、孟畔、猛东地区；第六十六军进驻腊戌、曼德勒，协助英军作战。

3 月 18 日　日军到达皮尤河南岸，与中国军队发生前哨战。

3 月 19 日　中国军队与日军在滇缅路全面激战。

3 月 20 日　东吁序战开始。激战十二日，予敌重创。新 22 师由叶达西方向向敌反击，敌势受挫。

3 月 21 日　担任中缅印空运的美国空运队成立。

3 月 25 日　中国军队开入泰国。

　　　　▲日军占领安达曼群岛，切断印缅海上交通线。

3 月 28 日　中国军队在缅境东瓜与日军激战。

3 月 29 日　中国远征军第 200 师由东吁突围北撤。

3 月 30 日　日军进占东吁。

　　　　▲中国远征军新 38 师少将副师长齐学启殉国。

4 月 1 日　西路英军放弃普罗美，日军继续北犯。

　　　　▲中、美、英、加在华盛顿举行太平洋军事会议。

4 月 2 日　蒋介石任命罗卓英为远征军第一路司令长官。

　　　　▲滇缅路被日军封闭。

4 月 5 日　蒋介石再次入缅视察，抵达腊戌。第六十六军新 38

师开抵腊成。

4月5—16日　第五军新22师在斯瓦河沿岸阵地逐次阻击敌军。

4月7日　第六十六军开始入缅。

4月8日　美空军第一次飞越喜马拉雅山，从事军需品运输。

4月9日　滇境内空战，击落日机10架。

4月14日　日军攻占马格威，英印军退守仁安羌。

4月15日　中国军队退守苗腊。

4月16日　日军攻占仁安羌，包围英军主力。中国远征军主力进入平满纳主阵地。

4月17—19日　新38师第113团驰援仁安羌，击退日军，救出英军7000余人及其他美、英人士。

4月18日　东路日军占领保拉克，继续北进。由于东、西侧翼暴露，中国远征军决定放弃平满纳会战计划。

4月20日　东路罗衣考失守。

　　　　　▲史迪威、罗卓英下令第200师和新22师调往西路乔克柏当一带策应英军。

4月22日　东路日军攻占河邦，直趋东枝。

4月23日　东路日军攻占东枝。中国远征军后方基地腊成门户洞开。

　　　　　▲第200师由西路回师，向东枝前进。

4月24日　第六军放弃雷列姆。
英缅军退乔克巴当。

4月25日　第200师在东枝与日军激战，收复东枝。

　　　　　▲日军进占雷列姆，向腊成突进。

4月26日　罗卓英令远征军主力向曼德勒集结准备"会战"。第200师不得已放弃东枝。

4 月 27 日　　南伦、西保相继失守。第六十六军濒于崩溃。罗卓英盲目下达曼德勒会战命令。

　　　　　　▲英军全部撤往伊洛瓦底江西岸，继续向印度英帕尔地区撤退。

4 月 29 日　　缅北腊戍沦陷，切断滇缅公路和远征军回国退路。

4 月 30 日　　英军炸毁曼德勒南面的阿瓦大桥。

5 月 1 日　　日军占领曼德勒、新维。

5 月 2 日　　贵街失守。

5 月 3 日　　日军进占八莫、南坎，并侵入我滇西国土，边境重镇畹町、芒市、龙陵陷落。

5 月 4 日　　日军进抵怒江西岸，一部由上游渡江东犯。我军炸毁惠通桥，阻敌东进。第十一集团军七十一军第 36 师赶到东岸高地，与过江之敌激战。

5 月 4—5 日　　日军飞机轰炸滇西重镇保山，造成人民生命财产巨大损失。

5 月 8 日　　日军占领缅北要地密支那。

5 月 9 日　　中国军队克复遮放，怒江日军被肃清。

5 月 10 日　　日军进占腾冲县城。

5 月中下旬　　第十一集团军各部奉令渡过怒江反攻，月底主力撤回东岸布防，留置一部在西岸开展游击战。自此敌我形成两年的隔江对峙局面。

5 月 13 日　　滇境中国军队反攻入侵之日军。

5 月 15 日　　史迪威退至印度新德里。

5 月 18 日　　第 200 师师长戴安澜在突围途中负重伤，团长柳树人、刘杰殉国。

5 月 19 日　　中国军队主力继续渡江，攻击日军侧背。第 88 师由惠通桥下游渡河，进击镇安街、龙陵一带，破

　　　　　　　坏敌后方公路，阻敌增援。

5 月 26 日　戴安澜在缅北茅邦村殉国。

5 月 27 日　新 38 师退入印度东北边境英帕尔南的普拉村。

5 月 31 日　杜聿明率第五军直属部队和新 22 师到达印缅边境
　　　　　　　的清加林卡姆特，奉命撤往印度雷多。

5 月　　　第六军各部渡过萨尔温江撤往景东，后又奉命退入滇南
　　　　　　　车里、佛海、打洛地区，担任中缅边境守备。

6 月 1 日　云贵监察使李根源发布《告滇西父老书》，力倡抗
　　　　　　　日守土。

6 月 2 日　美国国务卿赫尔与中国外交部长宋子文在华盛顿签
　　　　　　　订《中美抵抗侵略互助协定》。

6 月 5 日　中国远征军西路军已撤至印度东北边境整顿。

6 月 9 日　缅北中国军队克复梅苗。

6 月 10 日　林蔚率参谋团人员离保山回昆明。

　　　　　▲日本占领军下令解散缅甸独立军。

6 月 23 日　中国远征军司令长官罗卓英由印度返重庆述职。

6 月 24 日　第五军第 96 师在野人山退到葡萄县。

6 月 26 日　史迪威通报蒋介石：美国已将中缅印战区的第十航
　　　　　　　空队重轰炸机和空运司令部运输机紧急调往埃及
　　　　　　　支援英军。

6 月 29 日　史迪威就任志刚驻印军总指挥，罗卓英为副总指
　　　　　　　挥。蒋介石致函史迪威提出对美国援华作战的三
　　　　　　　点要求。

7 月 4 日　美国志愿航空队改组为美国第十航空队第二十三战
　　　　　　　斗机大队。陈纳德升任美国驻华空军司令。

7 月 18 日　史迪威向蒋介石提交反攻缅甸、重开滇缅公路的作
　　　　　　　战方案。

7 月 31 日　日本占领军将缅甸独立军改编为缅甸国民军，由昂
　　　　　　山任司令。

8 月 1 日　蒋介石表示同意史迪威提出反攻缅甸计划，条件是
　　　　　　英军必须从陆路和海上参战，必须得到空军支援。

9 月 27 日　史迪威与韦维尔商谈反攻缅甸计划，韦维尔强调困
　　　　　　难，态度消极。

10 月 15 日　史迪威携中国反攻计划飞印，于 16 日至 19 日与
　　　　　　韦维尔再度磋商。英方有保留地同意联合反攻缅
　　　　　　甸，并同意由美国负责修建中印公路。

11 月 28 日　军令部颁发"部署联合英美反攻缅甸作战计划"
　　　　　　的训令。

12 月 7 日　韦维尔正式提议取消反攻缅北计划。马歇尔通知史
　　　　　　迪威，美国已决定增加对缅北攻势的支援。

12 月 10 日　中印公路正式破土动工。

12 月 28 日　蒋介石致电罗斯福表示，因英军取消在仰光进行
　　　　　　两栖登陆的计划，中国军队也将取消 1943 年春渡
　　　　　　过怒江反攻的行动。

1943 年

1 月 2 日　韦维尔代表英王授予中国新 38 师师长孙立人"帝
　　　　　　国司令"勋章。

1 月 14—24 日　美、英军政领导人在卡萨布兰会谈。在美方坚
　　　　　　　持下，通过了 1943 年反攻缅甸的"安纳吉
　　　　　　　姆"作战计划。

1 月 26 日　日军兵分三路进犯滇西边境地区。

1 月 27 日　孙立人率新 38 师 114 团由蓝姆伽抵雷多，掩护修

筑中印公路。

2月11日　中国军队参谋总长何应钦飞印检阅中国驻印军。

2月12日　滇西日军分路进犯怒江。

2月14日　腾冲日军7000余人三路进犯滕北。

2月15日　滇西怒江之日军被击退。

2月28日　中印公路工程越过印缅边境，进入缅甸境内。

3月9日　新38师114团由雷多深入野人山区。

3月10日　美国第二十三战斗机大队扩编为第十四航空队，陈
纳德升任少将衔司令。

3月中旬　郑洞国奉派入印担任中国驻印军新编第一军军长。

3月20日　新38师114团救援被围于卡拉卡、唐卡家的英印
军千余人，接替该线防务。

3月28日　中国远征军司令长官司令部在云南楚雄成立，陈诚
任司令长官。

4月1日　军事委员会驻滇干部训练团的步兵、炮兵训练中心
在昆明成立。

4月12日　中国空军飞行员首次参加盟机轰炸缅甸之日军。

4月30日　第96师少将副师长胡义宾在缅阵亡。

5月8日　中国远征军第36师奉命渡过怒江，接替预备第2师
在滕北的游击任务。

5月12—25日　美英首脑在华盛顿举行"三叉戟"会议。史
迪威、陈纳德与会。会议决定搁置"安纳内
姆"作战计划，只在缅北进行反攻。

7月12日　蒋介石正式同意参加缅甸战役。

8月1日　中国政府接收滇越铁路云南段。

▲日本宣布缅甸"独立"，成立以巴莫为首的傀儡政
权，巴莫政权对英、美宣战。

8 月 14—24 日　英美首脑在加拿大的魁北克举行"四分仪"
　　　　　　　会议。会议讨论了对日作战和有效援华问题，
　　　　　　　决定维持反攻缅北的计划。并决定设立盟军
　　　　　　　东南亚司令部，任命英国海军上将蒙巴顿为
　　　　　　　司令，史迪威为副司令。

8 月 26 日　　盟军东南亚司令部在印度新德里成立。

8 月底到 9 月初　中国驻印军主力集结到雷多地区，准备向缅
　　　　　　　北反攻。

9 月 28 日　　日军大本营命令中国派遣军发动常德作战，以牵制
　　　　　　　中国军队向南方和缅甸转移兵力。

10 月 10 日　史迪威令中国驻印军向大龙河西岸敌据点进攻，
　　　　　　　随军派出工兵部队，修筑中印公路。

10 月 13 日　日军三路进犯滇西边境，攻陷片马，并企图围歼
　　　　　　　在滕北游击的中国远征军第 36 师主力。

10 月 18 日　日军由片马进犯至怒江东岸六库一带，经远征军
　　　　　　　江防部队反击后退回怒江西岸。

10 月 23 日　美机轰炸密支那日军，中国驻印军新 22 师廖耀
　　　　　　　湘、新 38 师孙立人，在缅甸与日军第十五军牟田
　　　　　　　口廉也开始作战，展开中国军队缅北反攻。

10 月 25 日　日机轰炸滇境下关，怒江两岸三路激战。

11 月 1 日　　新 38 师 112 团占领拉加苏、新平洋等地。

11 月 5 日　　缅北中国远征军攻克宁边。

11 月 6 日　　蒋介石要求史迪威以中国战区参谋长身份出席开罗
　　　　　　　会议并提出反攻缅甸的报告。

11 月 22—26 日　美、英、中三国政府首脑在开罗举行会议，
　　　　　　　　商讨联合对日作战计划，决定协同反攻
　　　　　　　　缅甸。

12 月 18 日　新 38 师经月余苦战，攻占敌重要据点于邦。

12 月下旬　中国驻印军取得第一次反攻作战之胜利。中印公路亦修通至新平洋。

1944 年

1 月 9 日　中国驻印军右路新 22 师渡过大奈河，沿右岸开路前进。

▲缅北打洛激战，日军冈田大队被歼。

1 月 11 日　中国驻印军左路新 38 师渡过大龙河。

1 月 20 日　驻印军占领胡康河谷，并渡过布朗布拉姆河。

1 月 24 日　驻印军攻占敏格鲁加。

1 月 29 日　驻印军攻占打洛。

▲驻印军左路新 38 师先后渡过大奈河和大龙河，肃清孟阳河之敌。

1 月 31 日　远征军司令长官部陈范少将在贵州殉职。第五军司令部张剑虹少将在龙陵阵亡。

▲新 22 师攻占太洛

2 月 1 日　中国驻印军由胡康河谷深入缅境达百英里。

▲新 38 师进占太伯卡及甘卡，夺取敌交通要点。

2 月 3 日　驻印军攻占台法加、那加盘。

2 月 6 日　驻印军将观音河日军消灭。

2 月 7 日　驻印军攻占卡甸渣加。

2 月 13 日　胡康河谷方向中国驻印军再向泰洛东北扩展进攻。

2 月 19 日　驻印军切断台法加以南至孟关通路。

▲梅里尔准将率领的美军远程突击队（第 5307 支队）到达缅北前线。

2 月 23 日　新 22 师连日攻克腰班卡、拉证卡、拉帽卡等敌据
　　　　　　点，扫清孟关外围。

3 月 2 日　中国驻印军攻占马考。

3 月 5 日　新 22 师攻克胡康河谷行政中心孟关。

3 月 9 日　新 38 师攻克胡康河谷最后一个重要据点——敌第
　　　　　　18 师团部所在地瓦鲁班。

3 月 10 日　中美军会师于缅北胡康区。

3 月 20 日　中美联合军将缅北胡康河谷之日军全部肃清。

3 月 28 日　新 22 师攻占坚布山隘南口的高鲁阳，控制坚布山
　　　　　　天险。

3 月 29 日　新 38 师攻占沙杜渣。至此，胡康河谷战役胜利
　　　　　　结束。

　　　　　　自 1943 年 10 月至 1944 年 3 月底，中国驻印军南
　　　　　　进 150 余公里，先后击毙敌军官 60 余名，士兵
　　　　　　4100 余名，其伤亡总数计 12000 余名。中国驻印
　　　　　　军伤亡总数为 6495 人。

4 月初　第 14 师和第 50 师由云南空运蓝姆伽训练。中国驻印
　　　　　军总兵力达五个师。

4 月 3 日　罗斯福致电蒋介石，再次敦促出动中国远征军。
　　　　　▲《新华日报》发表《快从滇西出击》的社论。

4 月 4 日　中国驻印军开始孟拱河谷战役。除新 22 师和新 38
　　　　　　师外，新 30 师也投入战斗。

4 月 6 日　缅甸日军对印度英帕尔地区发动进攻。

4 月 12 日　新 22 师攻占瓦康。

4 月 14 日　新 38 师攻占丁克林。

5 月 4 日　新 22 师攻占英开塘。

5 月 11 日　中国远征军强渡怒江，向入侵滇西之敌发动反攻。

远征军攻击部队于本日自双虹桥至栗柴坝分七处强渡怒江。

5 月 12 日　中国远征军攻击部队越过高黎贡山，进至瓦甸、江苴街以东之线。

5 月 15 日　中国驻印军与美军一起攻占密支那日机场。

5 月 19 日　中国远征军克复片马。

5 月 22 日　远征军司令长官卫立煌下令第十一、第二十集团军全部渡江作战。

5 月 27 日　新 38 师袭占西通，切断加迈至孟拱公路。

5 月 30 日　新 22 师攻占马拉高，直扑加迈。

6 月 1 至 3 日　中国远征军第二军及第七十一军配属新编第 39 师，分由惠通桥、毕寨渡、三江口各附近渡口。

6 月 4 日　中国远征军新 28 师攻克松山外围据点腊猛后，立即围攻松山。

6 月 10 日　远征军第七十一军第 87、第 88 师一度克龙陵，敌增援反扑。中国军队退据龙陵东北郊与敌对峙。

6 月 16 日　驻印军两翼协力猛攻卡盟，经多次冲杀终于攻占卡盟。

6 月 18 日　驻印军新 38 师之一部强渡孟拱河，向敌攻击，解救被围英军第 77 旅，并占领孟拱外围各据点。

6 月 20 日　中国远征军第 36 师攻克瓦甸，第五十三军攻占苴街。

6 月 24 日　中国远征军第 9 师攻克象达，向芒市前线。

6 月 25 日　中国驻军新 38 师经两昼夜激战，占领孟拱。

孟拱河谷战斗历时三月。共歼灭敌第 18 师团，重创第 2 师团第四联队，第 53 师团第 138、151 联队，第 56 师团第 146 联队。先后毙敌 11500 余人，其伤亡总数约 26000 人。俘虏 117 人。中国驻印军伤亡官兵 4591 人。从此中国驻印军控制了缅北整个战局，奠定了反攻作战的胜利基础。

7 月 1 日　远征军攻克腾冲城西的飞凤山，控制腾龙公路。

7 月 11 日　新 38 师打通孟密公路，与围攻密支那的新 30 师会师。

8 月 2 日　第二十集团军攻入腾冲，与敌巷战。

8 月 5 日　中国驻印军在盟军协同下，攻克密支那。全歼守敌。缅甸反攻作战第一期任务胜利完成。部队开始整训，正式编为新编第一军和新编第六军。

9 月中旬　中国远征军第二军第 76 师主力攻占放马桥，切断龙陵、芒市间敌之交通线。第七十一军第 87、第 88 师和第八军荣誉第 1 师主力等部，对龙陵再次发动围攻。第 116、第 130、第 198 师和预备第 2 师向腾冲守敌猛攻。敌第 56 师团得到第 2 师团的增援，反扑，中国军队进展迟缓。

9 月 8 日　中国远征军攻占松山。新 28 师自 6 月 4 日起，对松山守敌发动五次围攻，未克；继由第八军自 6 月下旬起接替攻击任务，又连续发动九次攻击，时 3 月余，终于攻克松山。

9 月 14 日　中国远征军攻克腾冲。

远征军自渡江至攻克腾冲止，共历大小战役 40 余次，毙敌军官 100 余人和士兵 6000 余人，俘敌军官 4 人和士兵 60 余人。自己伤亡官佐 1334 人，士兵 17275 人。

10 月 15 日　中国驻印军新一军在密支那渡过伊洛瓦底江，向八莫地区进发。

10 月 18 日　罗斯福致电蒋介石，同意召回史迪威。建议由魏德迈继任志刚战区参谋长和驻华盟军司令，索尔登继任印缅战区总司令。

10 月 29 日　驻印军新 38 师主力攻克八莫以北的庙堤，肃清太平江北岸之敌。

10 月 31 日　远征军第十一集团军对龙陵发动总攻。

11 月 3 日　中国远征军各部协力攻克龙陵，继续向芒市推进。

11 月 7 日　驻印军新 22 师突破日军伊洛瓦底江防线，攻占八莫以西的瑞古。

11 月 14 日　驻印军新 38 师攻占莫马克。

11 月 17 日　驻印军新 38 师攻占曼西，包围八莫。

11 月 19 日　中国远征军第七十一军收复芒市。

11 月 21 日　新 22 师攻克东瓜。

12 月 1 日　第七十一、第五十三军主力，第二军一部和第 200 师等部协同攻克遮放。

12 月 10 日　广西日军于越南日军在南宁西南之绥渌会合，完成打通大陆交通线的战略行动。

12 月中旬　驻印军新六军之第 14 师、新 22 师由缅北空运回国。第 50 师改归新一军指挥。

12 月 15 日　新 38 师主力攻占八莫。敌守城司令原好三大佐被击毙。

自 10 月 15 日由密支那向八莫发动攻势以来，经 70 多次战斗，毙敌官兵 2400 余人，生俘 20 余人，自己伤亡官兵 1000 余人。

12 月 27 日　驻印军新 38 师收复雷允，进入滇西国土。

1945 年

1 月 2 日　国民政府战时运输管理局在重庆成立。

1 月 5 日　驻印军新 38 师完成对南坎的合围。

1 月 10 日　驻印军新 30 师和新 38 师一部攻战南坎。

　　　　　中印公路雷多至密支那段通车。

1 月 12 日　中印公路第一支运输车队由雷多出发驶向昆明。

　　　　　▲驻印军新 38 师与远征军第五十三军第 130 师在雷允东南的猛卯会师。

1 月 19 日　中印公路北线（保山—密支那）举行通车典礼。

1 月 20 日　远征军第二、第六、第五十三军协同攻克畹町。滇西沦陷国土全部收复。

1 月 21 日　驻印军新 38 师攻占芒友以南的苗斯，与滇西远征军第 116 师取得联络。

1 月 27 日　驻印军新 38 师攻占芒友，中印公路至此全线打通。

1 月 28 日　中国驻印军与远征军在芒友举行隆重的会师典礼。

　　　　　在畹町举行中印公路通车典礼。

　　　　　蒋介石宣布将中印公路命名为"史迪威公路"。

2 月 4 日　昆明各界群众举行盛大集会，欢迎中印公路第一支车队到达。

2 月 8 日　驻印军新 30 师攻占巴卡。

2 月 14 日　驻印军新 30 师攻占贵街。

2 月 20 日　驻印军新 30 师主力、新 38 师协同攻占新维。

3 月 5 日　第 50 师攻占南渡。

3 月 8 日　新 38 师攻克缅北重镇腊戍。

3 月 16 日　第 50 师攻占西保。

3 月 20 日　英军攻占曼德勒。

3 月 21 日　英军占领仁安羌。

3 月 30 日　中国驻印军第 50 师与英军第 36 师会师于曼德勒东北的在乔梅。中国驻印军完成在滇西及缅北反攻作战任务。

此次反攻作战，是抗战以来中国军队取得彻底胜利的一次歼灭战，对中国抗日战争和第二次世界大战的胜利都起了重要作用。由于战场地势险峻和敌军拼死顽抗，战斗至为惨烈。敌死伤官兵 48500 余人。中国驻印军伤亡官兵 17710 人；中国远征军自强渡怒江至战斗结束，共伤亡官兵 40000 余人。

4 月 28 日　侵缅日军撤出仰光，向东溃退。

5 月 1 日　缅甸抗日武装解放仰光。

5 月 3 日　英军进入仰光。盟军反攻胜利结束。

6—7 月　中国驻印军凯旋。

征引文献

1. 军事科学院军事历史研究部著：《中国抗日战争史》，解放军出版社 1994 年版。

2. 孙利辉主编，军事科学院军事历史研究部著：《第二次世界大战史》，军事科学出版社 1999 年版。

3. 彦奇、张同新主编：《中国国民党史纲》，黑龙江人民出版社 1991 年版。

4. 孙克刚等著：《中国远征军在缅北》，云南人民出版社 2002 年版。

5. 徐康明著：《中国远征军战史》，军事科学出版社 1995 年版。

6. 张承钧、卫道然主编：《中国远征军》，中国经济出版社 1994 年版。

7. 徐文编著：《热血远征》，大众文艺出版社 2006 年版。

8. 魏宏运主编：《民国史纪事本末》，辽宁人民出版社 1999 年版。